伊賀四国八十八ヶ所霊場めぐり

― 豊かな自然の中にある静かな古刹の数々 ―

佐藤　典子

大阪公立大学出版会

まえがき

　伊賀四国八十八ヶ所霊場は、三重県の伊賀市、名張市に広がる八十八ヶ所巡礼地です。番外札所（笹山、月山）の2ヵ寺を含めた90ヵ寺の真言宗寺院で構成され、弘法大師が伊勢神宮へ参拝するときに通ったとされる路を中心にして、約70里（280km）の行程に霊場が存在しています。

　伊賀市は、市域の約6割が森林で、自然環境に恵まれています。伊賀地域の地形は、北に信楽山地、東に鈴鹿山脈・布引山地、南に室生山地、西に大和高原に囲まれた盆地で、気候は、隣接する3府県の地形の影響を強く受け、特に、滋賀県側からの北西季節風の影響を受けるものの、信楽山地の標高差により日本海側や滋賀県北部などに比べて降雪量が少なくなっています。一方、盆地特有の内陸型気候で寒暖の差が大きく、年間降水量は三重県東部の沿岸地域に比べて少なくなっています。

　伊賀市の人口は、平成12年（2000年）には10万人を超えていましたが、令和5年（2023年）7月末に86,278人となり、減少傾向となっています。また、空き家も増加しています。将来の人口減少に伴う空き家の増加に併せて農地や山林などの放棄地が増加し里山の荒廃が進み、集落の生活圏へ動物が侵入し、農作物の獣害被害拡大が予想されています。その解決の方策の一つとして、地域の観光資源の魅力をアピールすることで人流を増やし、地域活性化を図ることが考えられます。伊賀地域は、京都、奈良や伊勢を結ぶ大和街道・伊賀街道・初瀬街道を有し、古来より飛鳥、奈良、京都などの都に隣接する地域として、江戸時代には藤堂藩の城下町や伊勢神宮への参宮者の宿場町として栄えてきた地域です。安政の大地震により、上野城内の城代屋敷や御殿が大破し、侍屋敷や城下の町家に多大な被害が出ましたが、その後、再興されました。このような地理的・歴史的背景から京・大和文化の影響を強く受けながらも独自の文化を醸成し、伊賀流忍者や俳聖松尾芭蕉や横光利一のふるさととして、また、吉田兼好ゆかりの地としても広く知られており、歴史・文化の薫る地域となっています。

　三重県は、産業や交通の体系によって東海地域に属しているものの、地理的条件や文化的背景から「伊賀は関西」という考え方が古くから定着しています。伊賀上野は戦災で大きな被害を免れているため、藤堂藩の城下町であった江戸時代の町割りが残るとともに、大和街道・伊賀街道・初瀬街道といった旧街道沿いに宿場町が栄え、宿場町景観とともに、趣のある常夜灯や石灯籠、神社仏閣、勧請縄などの多くの歴史資源が残されています。平成16年（2004年）11月、上野市・阿山郡伊賀町・島ヶ原村・阿山町・大山田村・名賀郡青山町が合併して伊賀市が発足しました。

鎌倉時代から室町時代にかけて、伊賀国は小領主が群雄割拠し争っていました。そのため、民は自らを守るためゲリラ戦の技を磨いていきました。これが伊賀の忍者の起こりとされています。天正7年（1579年）、織田信長の次男の信雄が、伊賀の団結力が衰えだしたことを知り、国境にあった丸山城を修築し、侵略の拠点とすることにしました。しかし信雄の企みは伊賀の人々の耳に届き、放たれた忍者達の奇襲によって信雄は大敗を喫してしまいました（第一次伊賀の乱）。この結果に激怒した信長は、2年後の天正9年（1581年）には自ら、約5万人の兵を率いて伊賀に攻め込みました（第二次天正伊賀の乱）。伊賀の人々の最後の砦である柏原城が落ち、天正伊賀の乱は終わりました。やがて本能寺の変で信長の死を知った伊賀忍者たちが一斉蜂起し、各地で争いを繰り広げました。本能寺の変の直後、堺にいた徳川家康が服部正成らに護衛されながら三河国へ逃げ戻りました（神君伊賀越え）。江戸時代には「伊賀越え」の功績が認められ、伊賀忍者たちは服部半蔵として知られる正成のもとに伊賀組同心として幕府に召し抱えられました。しかし、その後伊賀では無足の俸禄支給の経費を節減するため、忍者を抜けて帰農することが歓迎され、その後徐々に伊賀忍者は分散していき、消滅していきました。

　名張市は伊賀市の南に位置しており、伊賀市と共に伊賀国の構成地域でした。4世紀から6世紀にかけ築かれたと考えられる美旗古墳群（国史跡）など、古墳時代に入ると名張に多くの豪族が現れ、大小様々な古墳が築かれました。飛鳥・奈良時代には、壬申の乱において大海人皇子は、大和から宇陀川（名張川）を渡って名張の地に入り近江へと向かいました。この大海人皇子が天武天皇となり朱鳥元年（686年）に没した後、その御霊を祀るために建立されたのが昌福寺、いわゆる夏見廃寺（国史跡）と考えられています。室町時代になると、南北朝の対立が激しくなり、名張の小武士団（悪党）の多くは南朝方に与し、幕府勢力と対立しました。小武士団が割拠するなか互いを監視するため、伊賀国ではいわゆる伊賀忍者が生まれましたが、伊賀忍者の多くは現在の伊賀市である北伊賀に存在し、南伊賀に位置する名張では赤目に百地三太夫が現れました。その後、慶長13年（1608年）にはそれまで伊賀国領主であった筒井氏は転封となり、代わって伊予国から藤堂高虎が伊勢・伊賀国領主として入封となりましたが、27年後の寛永12年（1635年）に名張の地に藤堂高吉が転封してきました。藤堂高吉は丹波長秀の三男で、藤堂高虎の養子になった人物です。以来、明治4年の廃藩置県まで、260年余り、11代にわたり名張藤堂家が西方の守りとして名張に居を構えていました。藤堂高吉は、伊賀上野城主であった藤堂高虎の養子でしたが、その後高虎の実子である高次が生まれ、本家とは対立する関係になりました。名張藤堂家の藩主の名前は第9代までは、藤堂家の通字の「高」ではなく丹羽氏の

「長」が使用されました。その後、11 代の高節の時に明治維新となりました。名張では、現在も保存されている名張藤堂家邸跡や江戸川乱歩生誕地、旧初瀬街道の国指定文化財など歴史文化資源が豊かで、名張川など自然資源にも恵まれた地域となっています。市制施行時の昭和 29 年（1954 年）3 月には人口は約 3 万人でしたが、昭和 40 年代から大阪のベッドタウンとして宅地開発が進み、人口が急増しました。平成 12 年（2000 年には約 85,000 人とピークに達しましたが、その後人口は徐々に減少し、令和 5 年（2023 年）9 月 1 日で 75,428 人となっています。名張市市民憲章は昭和 39 年（1964 年）4 月 26 日制定されました。市の「花」は名張藤堂家の家紋であるききょう、市の「鳥」はうぐいす、市の「木」はもみじとなっています。

　真言宗は、空海（弘法大師）によって 9 世紀初めに開かれた大乗仏教の宗派です。18 本山、すなわち教王護国寺 − 東寺真言宗総本山、金剛峯寺 − 高野山真言宗総本山、善通寺 − 真言宗善通寺派総本山、随心院 − 真言宗善通寺派大本山、醍醐寺 − 真言宗醍醐派総本山、仁和寺 − 真言宗御室派総本山、大覚寺 − 真言宗大覚寺派大本山、泉涌寺 − 真言宗泉涌寺派総本山、勧修寺 − 真言宗山階派大本山、朝護孫子寺 − 信貴山真言宗総本山、中山寺 − 真言宗中山寺派大本山、清澄寺 − 真言三宝宗大本山、須磨寺 − 真言宗須磨寺派大本山、智積院 − 真言宗智山派総本山、長谷寺 − 真言宗豊山派総本山、根来寺 − 新義真言宗総本山、西大寺 − 真言律宗総本山、宝山寺 − 真言律宗大本山があります。

　この伊賀に文久 3 年（1863 年）に伊賀四国八十八ヶ所霊場が組織されました。八十八ヶ所霊場としては四国八十八ヶ所霊場めぐりが良く知られており、三重四国八十八ヶ所霊場、知多四国八十八ヶ所霊場、佐渡八十八ヶ所霊場、北海道八十八ヶ所霊場、伊豆八十八ヶ所霊場などがあります。伊賀の地域の人々にとって遠方の四国まで参拝することは難しいので、近隣の地域で参拝することを考えて、伊賀四国八十八ヶ所霊場は開創されたと考えられます。筆者は令和 5 年（2023 年）に全 90 霊場を参拝し終えました。何度も参拝した霊場もあります。その体験をこの本で紹介し、この地域の魅力を伝えることで伊賀地域活性化のお役に立ちたいと考えています。

2024 年 12 月

佐藤典子

目　　次

各霊場所在地の概略地図

地図（1）は伊賀市、地図（2）は名張市です。数字は霊場の位置を示します。

(1)

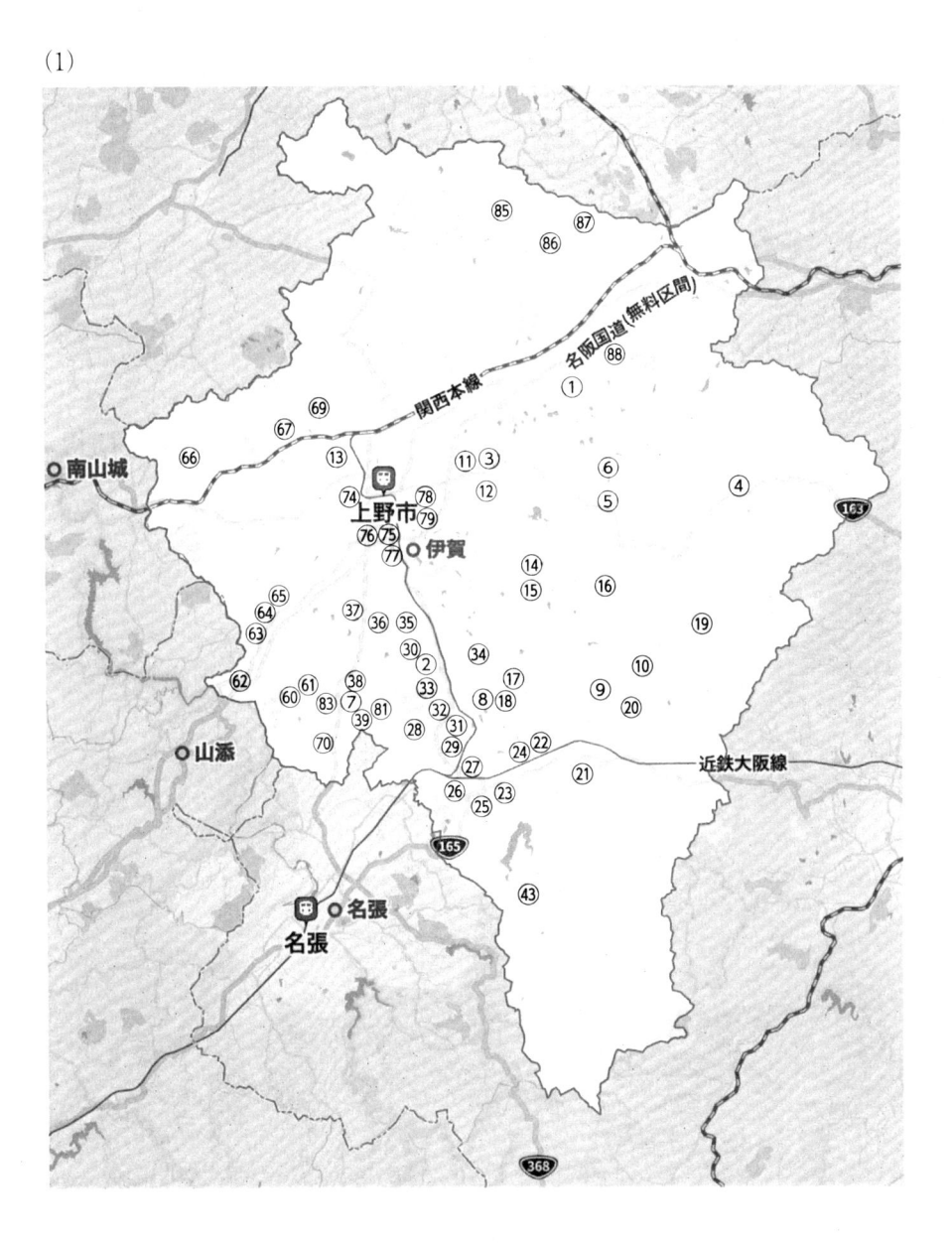

(2)

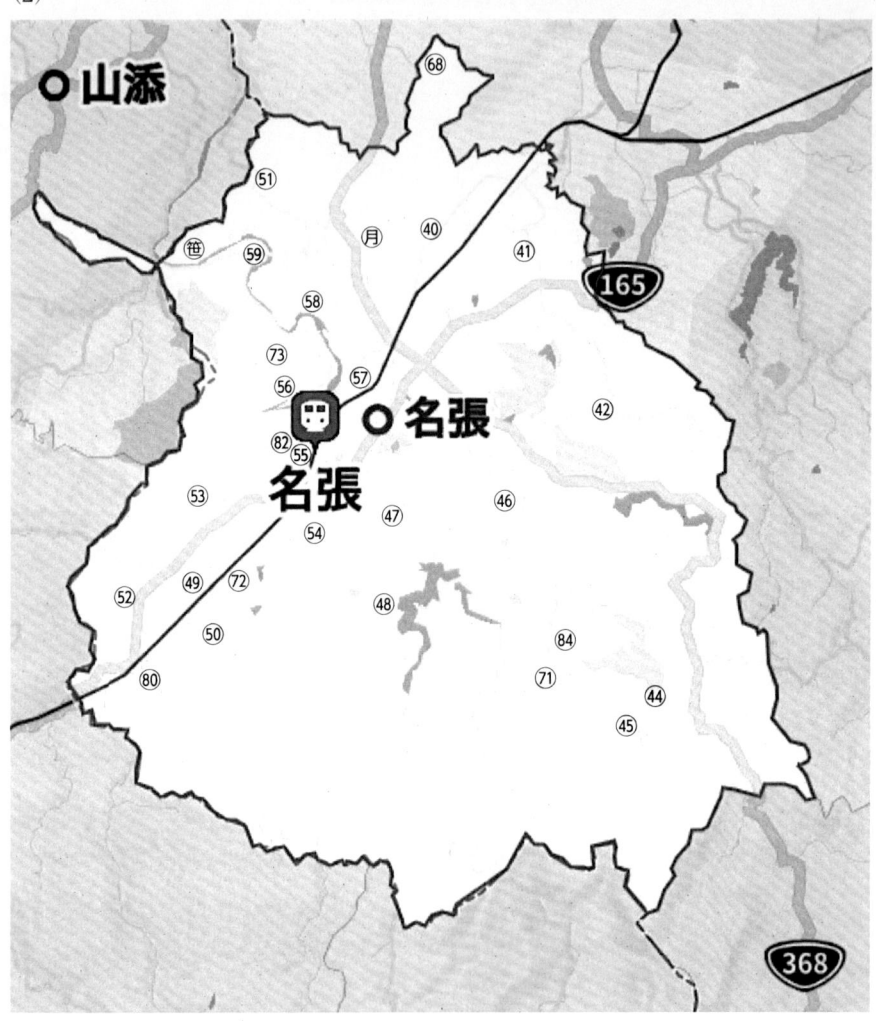

参拝に関する情報

朱印をいただく納経帳は、有限会社　三枝堂本店で販売されています。この店は明治18年（1885年）創業の仏壇・仏具・印章専門店です。

〒518-0752　三重県名張市蔵持町原出577-1　　　電話番号 0595-64-3568

納経帳は、勤行次第、納め札、案内地図がセットになっていて、1,500円（税込み）です。伊賀四国八十八ヶ所霊場用の掛け軸も販売されています。

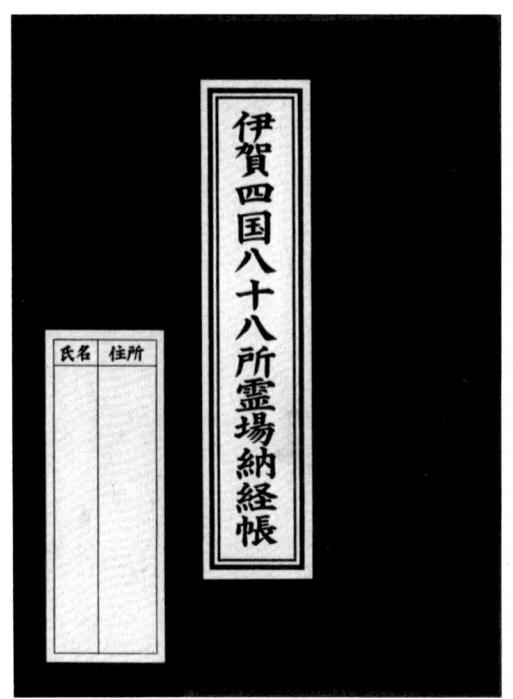 

　各寺院の納経料は朱印のみの場合は200円、染筆は300円、おいずるは200円、掛け軸は300円です。

　納経料の支払い方法は、お寺のかたがおられる場合は直接お支払いします。支払い用の箱や窓口が設置されているお寺もあります。何も表示がない場合は賽銭箱に入れます。その場合は、おつりがないので、あらかじめ小銭を用意する必要があります。お賽銭用小銭もあらかじめ用意する必要があります。

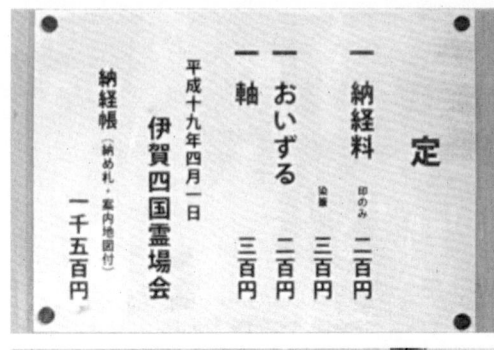

　香炉と線香立てがあるお寺では、持参したろうそくと線香を立てるので、マッチ、ライター等も必要です。

　霊場において、お参りした証として納める「納め札」は、参拝年月日、都道府県、市町村、氏名、年齢、願意を記入して所定の箱に入れます。お寺によって箱の素材、形状が異なっています。

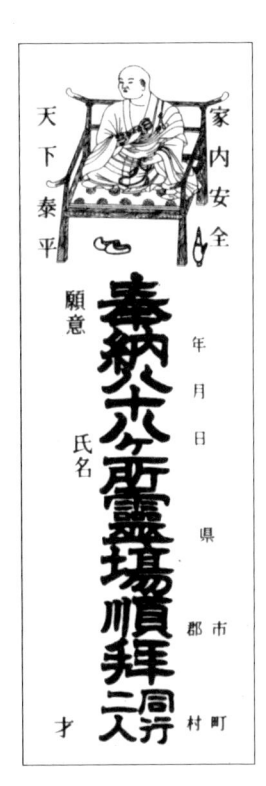

90ヶ所のお寺を参拝するには、自動車で6日程度かかります。ホテルは伊賀市および名張市中心部にあります。筆者が1日に参拝したお寺は、最高18ヶ寺でした。番号の順に参拝すると効率が悪いので近い所から参拝することになります。京都方面から参拝する場合の順番の例を紹介します。

66 → 67 → 69 → 13 → 74 → 76 → 75 → 77 → 79 → 78 → 85 → 86 → 87 → 88 → 1 → 6 → 5 → 4 → 11 → 3 → 12 → 14 → 15 → 16 → 65 → 64 → 63 → 62 → 37 → 36 → 35 → 30 → 2 → 34 → 33 → 32 → 8 → 18 → 17 → 9 → 10 → 19 → 20 → 21 → 22 → 24 → 23 → 25 → 26 → 27 → 29 → 31 → 28 → 39 → 81 → 7 → 38 → 83 → 61 → 60 → 70 → 68 → 40 → 月山 → 51 → 41 → 42 → 43 → 44 → 45 → 71 → 84 → 46 → 57 → 59 → 58 → 笹山 → 73 → 56 → 82 → 55 → 53 → 47 → 48 → 54 → 49 → 72 → 50 → 80 → 52

　毎年春に、巡拝者の報恩謝徳と交通安全、所願成就を祈念するお山開き法要が行われます。令和6年は3月31日に第34番札所不動寺で行われました。

〈お問い合わせ先〉
伊賀四国八十八ヶ所霊場会　事務局
〒 518-0204　三重県伊賀市北山 338　喜福寺 中
［電話］0595-52-1170　　［FAX］0595-52-3206

各霊場の案内

第1番 札 所	春日寺 （かすが・じ） 真言宗豊山派　藤室山	[御本尊] 不動明王 [所在地] 三重県伊賀市川東 1349 [電　話] ―

〈御詠歌〉　まいりきて　誓をたてし春日寺　よみがえる身のたのもしきかな

　春日寺は春日神社の隣に位置しています。伊賀の国では複数の土豪が連合し、地域の平和を話し合いで守っていたそうです。彼らは伊賀衆と呼ばれ、各地で雇われ、城に忍び込むなど特殊な戦術を駆使して戦いに参加していたと伝えられています。この地域は壬生野として知られ、多くの城館が残っており、隣の春日神社では伊賀衆たちが協議を行っていたと言われています。駐車場の看板によれば、忍者たちは仲間同士の連絡に秘密の合い言葉を使用し、「伊賀」を仲間に知らせる際には「くり」という合い言葉を用いたとされています。春日寺は荒廃した時期もありましたが、再興の記念碑が昭和8年（1993年）5月に建立されています。納経所の表示がある出窓があり、ガラス戸を開けると朱印箱が置かれており、納経料を入れる窓口があります。納経所は忍者屋敷を連想させるものでした。広い駐車場があり、筆者が参拝した日は、多くの参拝客が訪れていました。

<table>
<tr><td>第2番
札 所</td><td>**崇恩寺**
真言律宗　石田山</td><td>[御本尊] 釋迦如来
[所在地] 三重県伊賀市下郡 489
[電　話] 0595-38-1662</td></tr>
</table>

崇恩寺の創建は天長年間（812-834）年と伝えられ、寺跡からは6世紀の鉄製品や木簡が出土しています。もともとは「正蔵寺」と「崇恩寺」の2寺がありましたが、明治初年に合併して正蔵院崇恩寺となりました。元日には初祈祷として、無病息災五穀豊穣を祈念して護摩供養が現在も続けられています。昭和8年（1933年）に本堂が建てられ、当時の鬼瓦が境内に残されています。線香立ては平成23年（2011年）6月に寄進されました。山林7畝6歩が寄進されたことが石碑に記されていました。寺院名の石碑は、平成2年（1990年）1月に奉納した5名のかたのお名前が刻まれていました。境内では美しい紫陽花の花が咲いていました。朱印はセルフサービス方式で、納経料は賽銭箱に入れるか、ベルを押してお支払いします。

大光寺
だいこうじ

真言宗豊山派　岡山

[御本尊] 十一面観世音
[所在地] 三重県伊賀市寺田 1535
[電　話] 0595-21-3330（連絡先）

〈御詠歌〉　石ほとけ　巡りてたどる　光り寺　出ずる朝日や　岡の葉にまに

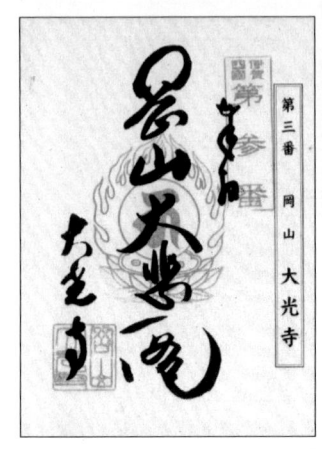

大光寺の納経所は第 11 番毘沙門寺の中にあり、毘沙門寺と共用の納経料入れ箱が置かれています。本堂は納経所から徒歩 20 分の山中に位置しています。本堂への道の途中には行者堂や北向地蔵があります。北向地蔵は三重県指定の有形文化財（彫刻）で、横長の大きな自然石にほぼ同じ大きさの三体の地蔵菩薩坐像が彫刻されており、「北向三体地蔵坐像摩崖仏」とも呼ばれています。この地蔵は 14 世紀前半（鎌倉時代後期）に製作されたと考えられています。本堂の横には鐘撞堂があります。また、山頂の岡山遊園地には東展望台と西展望台があり、西国三十三ヶ所観音菩薩石仏もあります。これらは多くの石仏を巡るハイキングコースの一部です。さらに、岡山山頂から南宮山への登山道もあります。本堂を参拝する場合は、伊賀四国八十八ヶ所霊場最大の難所になります。

第4番
札所

新大佛寺
（しんだいぶつじ）

真言宗智山派　五宝山

[御本尊] 大佛如来
[所在地] 三重県伊賀市富永1238
[電　話] 0595-48-0211

新大佛寺は、建仁2年（1202年）に奈良東大寺再建大勧進の高僧、俊乗房重源上人が創建しました。東大寺は全国に7ヶ所の別所が創建され、その中の1つの伊賀別所として本寺が創建されました。俊乗房重源上人が東大寺に敬意をはらって、寺号に「新」の字を加えて新大佛寺としたそうです。本尊の木造如来座像（像高4.05m）は仏師快慶の作で、「阿波の大仏さん」として親しまれています。貞観5年（1688年）に松尾芭蕉が訪れ「丈六にかげろふ高し石の上」の句を詠み、句碑が残されています。衰微した時代もありましたが、江戸時代に上野城主藤堂高虎公の後援を得て、本尊大仏が修復され、大仏殿（間口六間半、奥行き八間半）が建立されました。山門の左側に納経所があり、朱印を押してもらいます。大仏殿には納札箱があり、線香、ろうそくを立てます。納経受付時間は午前9時から午後4時までです。

薬師寺

真言宗豊山派　轟山

[御本尊] 薬師如来
[所在地] 三重県伊賀市鳳凰寺 245
[電　話] 0595-47-7506

〈御詠歌〉　聖なる医王のみ法　轟きて　万の病　消え失せにけり

この地には、約 1200 年前の白鳳時代に鳳凰寺という古刹が存在しました。天智天皇の采女宅子は、山田郡司で壬申の乱後郷里に帰り、乱後に自害した我が子の弘文天皇の冥福を祈って、鳳凰寺を建立しました。その後、鳳凰寺は天正 9 年（1581 年）の伊賀の乱によって堂宇が悉く火災に遭いました。その後慶長 3 年（1598 年）に僧清存法印が寺を中興し轟山薬師寺と改号しました。しかし、鳳凰寺は郷名として現在まで残っています。この地域には、鳴塚など多くの古墳や経塚があり、これらの遺蹟からの出土品は三重県指定有形文化財として保存されています。昭和 39 年（1964 年）3 月に本堂庫裡落慶を記念して鳳凰寺跡の石碑が建てられました。朱印はセルフサービス方式で「納経料は賽銭箱の方にお入れ願います」と表示がありました。

<table>
<tr><td rowspan="3">第6番
札所</td><td>安養寺
（あんようじ）</td><td>[御本尊] 薬師如来</td></tr>
</table>

第6番 札所 安養寺（あんようじ）

真言宗豊山派　等岳山

[御本尊] 薬師如来
[所在地] 三重県伊賀市甲野 2697
[電　話] 0595-47-0557

〈御詠歌〉　薬師佛（やくしぶつ）　願え（ねが）人々（ひとびと）　身（み）の病（やまい）　心（こころ）の病（やまい）　癒（い）えざるはなし

安養寺は旧山田郡甲野村にあり、等覚山安養寺、院号は往生院、宗旨は密宗とされ、本尊は阿弥陀如来と薬師如来を安置しています。このお寺は、天正伊賀の乱（1581年）の焼き討ちに遭い、焼け残った薬師如来を本尊として再興されました。JR関西本線新堂駅から南へ約5.2kmの場所に位置します。本堂には色とりどりの綺麗な紫陽花が花瓶に入れて飾られていました。境内には新しく整備された六地蔵がありました。境内の美しく咲いた紫陽花が季節感を感じさせ、手入れが行き届いている様子でした。朱印はセルフサービス方式で、ベルを押して納経料をお支払いします。お寺の前には広い駐車場があり、新しい自宅のような建物がありました。このお寺のかたの生活の場となっている様子でした。

妙覚寺
（みょうかくじ）

真言宗豊山派　黒岩山

［御本尊］毘沙門天
［所在地］三重県伊賀市鍛冶屋 565
［電　話］0595-39-0900

〈御詠歌〉　毘沙門の（びしゃもん）　御加護あらたか（ごかご）　鍛冶の寺（かじ てら）　熱き祈りの（あつ いの）　心ささげん（こころ）

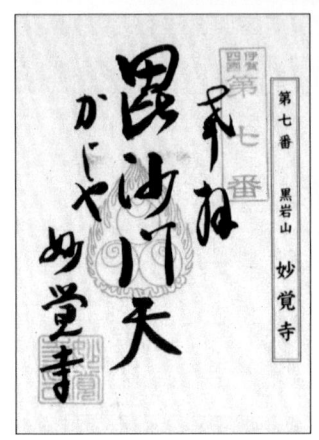

妙覚寺は明治初年に廃寺となりましたが、村民がこれを惜しみ、別のお寺を移転し、黒岩山妙覚寺と称しました。妙覚寺には宮城奉拝所と刻まれた石碑がありますが、これが設置された目的は不明です。また、雷大神と刻まれた石碑や、興教大師 850 年御恩忌と刻まれた石碑もあります。お寺の入り口の松の木が立派な枝ぶりです。お寺の建物には、上野市社会福祉協議会会費事業、共同募金配分事業としてのふれあい・いきいきサロンである鍛冶屋みつわ会とあゆみ会の表示プレートがあり、このお寺を中心にして社会的活動が行われているようです。のどかな田園風景の中を階段を上り、お寺にたどり着きました。近隣のお家では、庭で犬や猫と遊ぶ人がのんびりとした時間を過ごしているようでした。このお寺ではお札をいただくことができます。納経の際にお札をいただいたお寺はこの 1 ヶ寺でした。朱印はセルフサービス方式で、納経料は賽銭箱に入れます。

第8番 札 所	**光福寺**<ruby>こうふくじ<rt></rt></ruby> 真言宗豊山派　小御堂山	[御本尊] 阿弥陀如来 [所在地] 三重県伊賀市岡波 1020 [電　話] 0595-37-0929

第8番 札所 光福寺

こうふくじ

真言宗豊山派　小御堂山

[御本尊] 阿弥陀如来
[所在地] 三重県伊賀市岡波 1020
[電　話] 0595-37-0929

慶長年中（1600年頃）に夜毎に東方に怪異な光を発するので、その起源を訪ねるとこの地のお堂の阿弥陀如来の光明であったので、このお寺が建立されたと言われています。境内の奥に倉庫を兼ねた鐘撞堂がありましたが、鐘はありませんでした。鐘撞堂の天井には鐘を吊る金具が設置されているものの、中にはスチール製物置が設置されていました。太平洋戦争中に金属を国に差し出したのかもしれません。光福寺東側の果樹園と竹藪となっている一帯には、かつて岡波氏によって築城された岡波館（年代不詳）があり、寺の主郭東側の竹藪の中に深さ約5m程ある空堀と主郭を取り巻く土塁の一部が遺構として残っています。また、副郭は一部墓地となっていますが、北側から西側にかけて土塁が残っています。朱印はセルフサービス方式で、納経料は賽銭箱に入れるか、ベルを押しお支払いします。

喜福寺

真言宗豊山派　朝日山

[御本尊] 阿弥陀如来
[所在地] 三重県伊賀市北山 338
[電　話] 0595-52-1170

〈御詠歌〉夕立の　雨止み心　穏やかに　登る喜び　朝日山坂

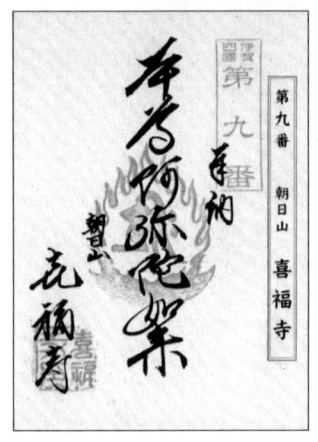

喜福寺は近鉄大阪線伊賀上津駅から直線約 1.14 km で徒歩約 27 分の場所に位置しており、伊賀四国八十八ヶ所霊場会事務局のお寺です。喜福寺は創建後に焼失し、元禄年間（1688 年〜 1704 年）に中興開山されたと言われています。本堂には、本尊の阿弥陀如来の向かって左側に薬師如来、右側に地蔵菩薩と虚空蔵菩薩が祀られていて、この組み合わせは珍しいそうです。お庭を囲む立派な白塀は弘法大師 1150 年御恩忌記念として、昭和 59 年（1984 年）4 月 21 日に建立されています。朱印はセルフサービス方式で、ベルを押して納経料をお支払いしました。朱印はお寺のかたに押してもらうこともできるそうです。第 20 番宝珠院の朱印も 9 番喜福寺で押してもらえるとのことでしたが、既に 20 番の宝珠院は参拝し、朱印も押印済みでした。

第10番 **札 所** **勝福寺** しょうふくじ 真言宗豊山派　日照山	[御本尊] 阿弥陀如来 [所在地] 三重県伊賀市勝地 501 [電　話] 0595-52-0273

勝福寺は近鉄大阪線伊賀上津駅から北へ約 1.8 km の場所にあります。創建は寛文延宝の頃（1661 年〜 1680 年）と考えられていますが、現在の本堂は奈良の室生寺から移されたものです。境内に古くから五智如来坐像（石仏）が祀られています。密教で、仏の備える五種の智（さとり）、すなわち法界体性智、大円鏡智、平等性智、妙観察智、成所作智の五智（5 つの教え）を、阿閦・宝生・阿弥陀・不空成就・大日の 5 つの如来に配してお祀りしたものと言われています。文明 12 年（1940 年）の刻銘があり、室町時代の石仏として貴重であり、昭和 42 年（1967 年）に町文化財に指定されました。境内からは青山高原や奈良県の峰々が遠望できます。ちょうどお寺のかたがおられたので、朱印を押していただきました。通常は、朱印はセルフサービス方式で賽銭箱に納経料を入れるようです。夕方には家の中に朱印箱を片付けられるようです。

毘沙門寺

真言宗豊山派　住連山

[御本尊] 毘沙門天
[所在地] 三重県伊賀市寺田676
[電　話] 0595-21-3330

〈御詠歌〉　毘沙門の　気高き姿　祈り門　願う心は　未代の幸なり

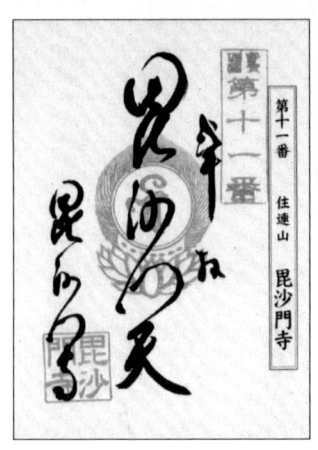

毘沙門寺は第3番大光寺の宿坊として歴代住職の居住地となっていました。三重交通バス停岡山口から350mで徒歩約5分の場所に位置しています。毘沙門寺の門の外には大きな観音像があり、厄除観音大光寺と表示されています。この像は十一面観世音菩薩で、ご利益があると信仰を集めているようです。また、毘沙門寺は3番大光寺の納経所を兼ねています。大光寺は、納経所から山道を歩き、三重県指定の有形文化財である北向地蔵を経て、徒歩20分の山中にあります。朱印はセルフサービス方式で、納経料入れ箱も3番大光寺と兼ねていました。お庭が綺麗に整備されており、桜の木が春に美しい花を咲かせることでしょう。お寺の前には駐車場があり、数台の車を駐車できますが、駐車場までの道は細いので安全運転を心がける必要があります。

第12番 **札所**	**地福寺**（じふくじ） 真言宗豊山派　無比山	[御本尊] 阿弥陀如来 [所在地] 三重県伊賀市荒木 1384 [電　話] 0595-21-2391

〈御詠歌〉　劫来の　無明も消ゆる　荒木山　二世安楽の　心地なりけり

地福寺は、伊賀上野城を西方に望む荒木山の中腹に、有鏡師によって開山されました。境内には本堂のほか観音堂、地蔵堂、行者堂などがあります。創建当時（1670 年頃）の七堂伽藍は、現在地の上方に高くそびえる十三塔付近にありましたが、明治 6 年（1873 年）にこの地に移築されました。現在、往時の面影を偲ぶ建物はなく、すべて改築され、現本堂は平成 20 年（2008 年）11 月に竣工しました。本堂は、阿弥陀三尊を中央に、左側に大日如来と弘法大師、右側に興教大師と不動明王を安置しています。本尊の阿弥陀如来は、室町時代の智證大師一木作で、高さ約 106 cm です。高台に位置するお寺からは、近隣の地域をよく見渡すことができます。花立てに飾られた紫陽花の花が美しかったです。朱印はセルフサービス方式で、ベルを押して納経料をお支払いします。

第13番	正福寺	[御本尊] 阿弥陀如来
札所	しょうふくじ	[所在地] 三重県伊賀市東高倉1148
	真言宗豊山派　雨萃山	[電　話] 0595-21-3876

第13番 札所
正福寺
しょうふくじ
真言宗豊山派　雨萃山

[御本尊] 阿弥陀如来
[所在地] 三重県伊賀市東高倉1148
[電　話] 0595-21-3876

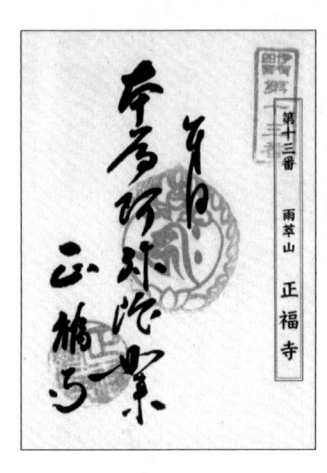 

正福寺は、寺歴が不明ですが、正福寺の他に2ヶ寺が合寺されています。伊賀鉄道新居駅から約400mに位置し、徒歩約6分ののどかな田園風景の中にあります。境内にひぎり大師と刻まれた石碑があり、ひぎり大師霊場という建物もありました。また、昭和54年（1979年）11月4日本堂落慶記念と刻まれている石碑もありました。境内に蘇鉄の木があり、昭和30年（2018年）に伊賀町新堂にお住まいのかたから小苗が寄贈され、立派な大木に成長したようです。平成10年（1998年）に四国八十八ヶ所を参拝した記念として、鰐口を奉納した施主の名前が記された木の額もありました。正福寺は三重四国第35番、準西国第27番とも表示されています。朱印はセルフサービス方式で、納経料は賽銭箱に入れます。

<table>
<tr><td>第14番
札　所</td><td>西光寺
<small>（さいこうじ）</small>
真言宗豊山派　金輪山</td><td>［御本尊］阿弥陀如来
［所在地］三重県伊賀市界外329
［電　話］―</td></tr>
</table>

西光寺は伊賀鉄道四十九駅から徒歩約58分の場所に位置します。天平時代から存在していましたが、天正伊賀の乱（1581年）により焼失しました。お寺の敷地内に無縁仏を設置する階段状の壇があり、大変多くの無縁仏が並べられていました。年忌ご案内の紙や、この地域のかたの命日と戒名と本名と何回忌か記された紙が掲示されていました。また、お寺の掃除当番表、施餓鬼会、盂蘭盆棚参り案内も掲示されていました。無人のお寺でしたが、連絡先として住職の電話番号が記されていました。花立の花が綺麗で、管理が行き届いていると感じました。立派な木製の朱印箱があり、箱の中には、「御朱印された方は200円お納めください」と表示されたラミネート加工された紙があり、それを箱の中から出すと、その下に朱印が納められている箱があります。朱印はセルフサービス方式です。

第15番 札所	大龍寺 （だいりゅうじ） 真言宗豊山派　信田山	[御本尊] 大日如来 [所在地] 三重県伊賀市上友生1174 [電話] ―

大龍寺は、三重交通バス停上友生から160mの場所に位置し、徒歩約2分で到着します。境内の大師堂に、「納経印はこの大師堂の中に朱印箱があります」という表示があり、室内に朱印箱が設置されていました。朱印はセルフサービス方式です。納経料は通常、賽銭箱に入れる方法でしたが、その日はお寺のかたがおられたので直接お支払いしました。普段は無人のお寺のようです。参拝に行った際は、本堂であると思われる建物で法事が行われており、回向中で、76番善福院のご住職がおられました。筆者が善福院に参拝に来ていたということを覚えてくださっていました。

<table>
<tr><td>第16番
札 所</td><td>永保寺
（えいほうじ）
真言宗豊山派　遠峯山</td><td>[御本尊] 十一面観世音
[所在地] 三重県伊賀市喰代1096
[電　話] ―</td></tr>
</table>

〈御詠歌〉　菊の花　長閑に香る　秋の野に　蝶も来て舞う　勅願の寺

　永保寺について、伊賀上野藤堂家家老の藤堂元甫が編纂し、宝暦13年（1763年）に完成した伊勢・伊賀・志摩の3国にわたる地誌『三国地志』に、「聖武天皇ノ創建ニシテ、永保年間、白河院ノ勅ニ依テ永保寺ト号ス」と書かれています。永保寺の境内には六角堂が存在しており、六角堂の本尊は弘法大師です。六角堂の中には四国八十八ヶ所霊場全てのお寺の砂と高野山奥之院の砂が納められています。六角堂の正面の約20m先に百度石があり、六角堂と百度石を往復することにより四国のお大師様にお願いすることができるとのことです。六角堂には般若心経の写経を奉納できるそうです。昔は永保寺の隣に上野市立友生小学校喰代分校があったそうで、本校に統合されたことを示す喰代分校跡の石碑が境内にありました。また、隣には百地氏の城跡である百地砦があります。朱印はセルフサービス方式で、「御朱印料200円は賽銭箱にお入れください。十一面観音様のご利益をお受け取りください」との表示がありました。

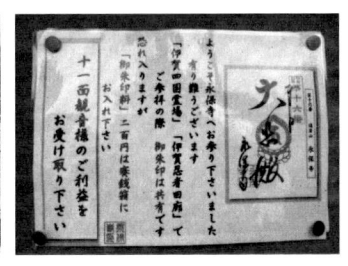

第17番 札 所	**浄瑠璃寺** <small>じょうるりじ</small> 真言宗豊山派　神照山	[御本尊] 薬師如来 [所在地] 三重県伊賀市摺見600 [電 話] 0595-37-0256

〈御詠歌〉 諸人の 幸せ願う 薬師佛 祈りて歩む 瑠璃光の道

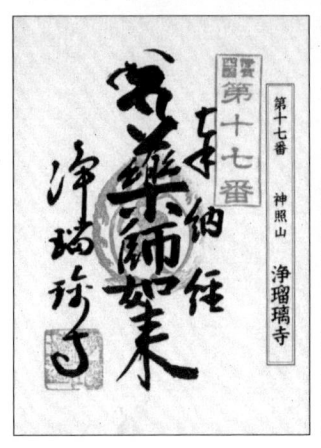

　浄瑠璃寺は神亀年間（724年～729年）に創建され、当時は七堂伽藍があり、壮大な寺院でした。17番浄瑠璃寺および52番宝泉寺、58番善福寺、61番池辺寺、88番神王寺の5ヶ寺には御影がありました。境内にお地蔵様が祀られ、その後ろには水子供養のための言葉が記載された石碑がありました。手水鉢の前面には地蔵講中と刻まれています。石塔のある庭に平成16年（2004年）5月に寄贈されたことが書かれた看板がありました。また、大般若経堂があり、昭和42年（1967年）12月に建立されています。朱印はセルフサービス方式です。納経料はベルを押してお寺のかたにお支払いします。

<ruby>金泉寺<rt>こんせんじ</rt></ruby>

真言律宗　牛草山

[御本尊] 釋迦如来
[所在地] 三重県伊賀市比自岐 2848
[電　話] 0595-37-0506

〈御詠歌〉　くまのじを　ものうきたびと　をもうなよ　しでのやまじで　をもいしらせん

　金泉寺は天正伊賀の乱（1581年）の兵火によって焼失したため記録がなく、創立年月などは不明です。金泉寺には釈迦如来坐像が安置されており、坐像の高さが142.9cmという迫力のある大きさで、檜材の一木造りで作られています。<ruby>内剝<rt>うちぐり</rt></ruby>の技法によって精巧に彫られ、漆箔と彫眼の技法が用いられており、その細部に至るまで繊細な仕上がりとなっており、伊賀市の指定重要文化財となっています。境内のガクアジサイの花が綺麗でした。朱印箱は金属製で頑丈そうでした。朱印はセルフサービス方式で、納経料はお賽銭箱に入れます。

滝仙寺

真言宗豊山派　南岳山

[御本尊] 立江地蔵尊
[所在地] 三重県伊賀市瀧 236
[電　話] 0595-52-1568

〈御詠歌〉　深山木の　繁れる山に　滝の音　清けし法の　声と聞くなり

　滝仙寺は青山連峰の西麓にあり、元は七堂伽藍の壮麗な禅寺でしたが、天正伊賀の乱（1581 年）の兵火に遭い、焼失しました。滝仙寺の境内には伊賀市指定文化財の松の木があり、その枝は水平に境内の端まで伸びて大変立派でした。本堂前には、環境省巨樹・巨木林データベースにも掲載されているコウヨウザン（広葉杉）の巨樹があります。境内には石造の九重塔があります。この塔は昭和 33 年（1958 年）に指定された三重県指定有形文化財で、南北朝時代の観応 2 年（1351 年）の造立銘があり、材質は花崗岩で高さ 329 cm、初層の辺 52 cm、九層の辺 40 cm で上の層と下の層の大きさの変化が少なく、安定感のある荘重な層塔となっています。他に絹本着色大威徳明王画像（鎌倉時代の作）も、同年に三重県指定有形文化財となりました。筆者が参拝した時は午後 5 時を過ぎていましたが、お寺のかたが既に片付けていた朱印を出してきてくださいました。

第20番 札所 宝珠院（ほうしゅいん）
真言宗豊山派　上津山

[御本尊] 不動明王
[所在地] 三重県伊賀市北山 1224
[電　話] ―

〈御詠歌〉　吹く風に（ふくかぜ）　高嶺の雲も（たかねくも）　晴れ行きて（はゆ）　み法響きて（のりひび）　心和らぐ（こころやわ）

　宝珠院は元真言宗高野派の寺院で、真言宗豊山派になるまでは、高野山金剛峰寺西宝院の末寺でした。山号の「上津山」とは、当地が昔より、北山、滝、妙楽地、勝地、伊勢地、下川原の六区を持って上津という地名であったことや、往古にこの地が「上津阿保村」「上津郷」等と呼ばれていたことより、「上津山」と称していると考えられます。寺伝によれば、宝珠院は神護景雲元年（767年）に開創されたとされますが、天正伊賀の乱（1581年）により全山を焼失し、寛永16年（1639年）に再興され、享保13年（1728年）に、再興第3世鏡宥師によって完成をみました。隣に比々岐神社があります。本堂は平成21年（2009年）に新築落慶法要が行われ大変立派ですが、連絡先が20番喜福寺と表示されており、無人のようでした。本堂の階段に朱印箱が設置されており、朱印を押して納経料を賽銭箱に入れます。9番喜福寺で朱印を押してもらうこともできます。

<table>
<tr><td>

**第21番
札所**

</td><td>

善福寺
<ruby>善福寺<rt>ぜんぷくじ</rt></ruby>
真言宗豊山派　閼伽井山

</td><td>

[御本尊] 阿弥陀如来
[所在地] 三重県伊賀市伊勢路731
[電　話] 0595-53-0365

</td></tr>
</table>

〈御詠歌〉　<ruby>有難<rt>ありがた</rt></ruby>や　<ruby>阿弥陀如来<rt>あみだによらい</rt></ruby>の　<ruby>御本尊<rt>ごほんぞん</rt></ruby>　<ruby>大師<rt>だいし</rt></ruby>の<ruby>恵<rt>めぐ</rt></ruby>み　<ruby>閼伽井霊水<rt>あかいれいすい</rt></ruby>

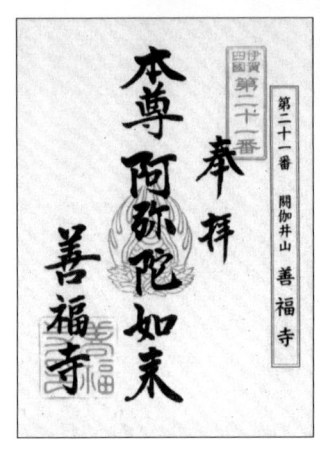 

善福寺は弘法大師修養の旧跡として創建されたと伝えられています。青山高原登山口の近くに位置しています。本堂と思われる建物の入口の戸に、第43番常楽寺を案内する掲示がありました。善福寺には青山町指定の絵画である両界曼荼羅がありますが、それが保管されている場所は表示されていませんでした。金剛界、胎蔵界とも絹地に金泥極彩色で、細密な筆致で描かれています。両界ともに縦117.3cm、横97.1cmの大きな図で、奈良の興福寺の絵仏師である芝淋賢の作と考えられています。芝淋賢は室町時代の高名な絵仏師です。住職の良忍が明治4年（1871年）に両界曼荼羅が手に入ったので、京都の智積院第15世亮範の鑑定を請けたところ、まさしく淋賢の筆跡であったとのことです。朱印はセルフサービス方式で、納経料は賽銭箱に入れます。

| 第22番 札所 | 宝厳寺（ほうごんじ）真言律宗 宇霧須山 | [御本尊] 地蔵菩薩
[所在地] 三重県伊賀市寺脇 803
[電 話] 0595-52-1033 |

〈御詠歌〉 叢雲（むらくも）の 思（おも）わぬ方（かた）に 現（あらわ）れて 六道（ろくどう）照（て）らす めぐみ尊（とうと）し

宝厳寺の本堂には、国指定重要文化財の木造十一面観音像があります。もとは大村神社別当寺の禅定寺の本尊で、明治3年（1870年）に同寺が廃止された時、同宗派の宝厳寺に移されました。一本木造りの立像で、本体の高さは165cmあります。天冠台には十一面の化仏を頂き、右手は下に伸ばし、左手は曲げて、蓮華を挿した水瓶を持っています。平安時代前期の様式を残した平安時代後期の作と考えられています。寺域内には、南北朝時代から室町時代にかけての石仏が数多く残されています。参道には、日露戦争戦勝の記念の松の石碑がありました。境内にはたくさんの鳥のほか、さまざまな動物が飼育されています。その中には大型犬も多数いました。こうした風景を見て、お釈迦様が亡くなった時に沢山の動物が集まってきた逸話を思い起こしました。朱印はセルフサービス方式で、納経料は賽銭箱に入れます。

<table>
<tr><td>第23番
札所</td><td>金性寺
<ruby>金性寺<rt>こんしょうじ</rt></ruby>
高野山真言宗　笛吹山</td><td>[御本尊]　薬師如来
[所在地]　三重県伊賀市阿保566
[電　話]　0594-23-7473
　　　　　（連絡先：四日市）</td></tr>
</table>

〈御詠歌〉　降る雨は　あとなく晴れて　のどかにも　妙薬満る　笛吹の里

金性寺の開基その他のことは不詳となっています。純金製の横笛がこのお寺の寺宝とされていますが、現存しません。境内のお墓に刻まれた文字から奈良県出身の栄雄和尚がご寺庭と共にこのお寺を盛り立てた様子がわかります。以前は青山町阿保の西部は「笛吹」と呼ばれていたそうです。金性寺の山号はこの「笛吹」に由来しています。近隣に恵比寿神社があります。金性寺の境内に駐車場がありますが、ロープが張られており、一般参拝客は駐車できません。朱印はセルフサービス方式で、朱印が収められている箱の中には、薬の空き瓶のような容器があり、その口が貯金箱のように開いていました。表示はありませんが、納経料はその瓶の中に入れるようです。また、立派な賽銭箱も設置されており、納経料はその中に入れました。

第24番 札所	大円寺	[御本尊] 薬師如来

第24番 札所

大円寺
（だいえんじ）

真言宗豊山派　岩谷山

[御本尊] 薬師如来
[所在地] 三重県伊賀市川上 1-1
[電　話] 0594-23-7473
　　　　　（連絡先：四日市）

〈御詠歌〉　朝日影　ただ差す岩の　松が枝に　千代呼ぶ瑠璃の　光増すなり

昭和42年（1967年）5月に建設省から川上ダム計画が新聞紙上で発表され、川上集落のダム水没家屋38戸、移転者31戸の調整が行われてきました。その中に大円寺も含まれていました。現在の大円寺は住宅街を抜けて、坂の上の高台に位置しています。寺伝によれば、天歴年間（947年～957年）に興福寺係類寺院として建立されました。平成12年（2000年）7月に大円寺霊園完成入魂式が行われ、同年12月に大円寺本堂立柱式が行われ、平成14年3月に大円寺本堂落慶法要が行われました。平成16年（2004年）4月に旧墓地改葬工事が完了し、有縁、無縁共に供養塔に入魂されました。本堂の裏からも参拝できるように、鰐口が設置されています。朱印はセルフサービス方式です。朱印の取っ手側の絵と印面の絵の位置がずれていたので、印面を見て正しい位置を確認してから朱印を押す必要があります。納経料は賽銭箱に入れます。

〈御詠歌〉　み仏の（ほとけ）　光ぞ尊（ひかり とうと）　密厳の（みつごん）　羽根の里なる（は ね さと）　安楽の寺（あんらく てら）

縁起によれば、天平年間（729年〜749年）、聖武天皇の勅願時として七堂伽藍と多坊が建てられました。安楽寺の境内には子安地蔵菩薩があります。「地蔵菩薩は、子供が好きといわれ、安産、子育ての子安地蔵としてあがめられています」と説明の看板がありました。また境内には「平和の礎」があり、羽根地区出身日中戦争、太平洋戦争戦没英霊として22人の氏名、享年、戦没場所、戦没年月日が記されています。また、通商産業省所管の工業再配置促進補助事業施設である羽根生活改善センターの建物もあります。納札箱は本四国巡拝満願記念として平成17年（2005年）3月に寄進した会員のお名前が記載されていました。入口に紫陽花の花が美しく咲いていました。地域住民の様々な活動の拠点になっている様子で、お寺の中から大勢のかたが荷物の運び込みをされていました。朱印はセルフサービス方式で、納経料は賽銭箱に入れます。

第26番
札所

蓮花寺
れんげじ

真言宗豊山派　高寛山

[御本尊] 薬師如来
[所在地] 三重県伊賀市比土高瀬 1972
[電　話] 0595-38-1016（連絡先）

〈御詠歌〉　今生に　願いを託す　瑠璃世界　日月照らす　高瀬寺の空
こんじょう　　ねが　　たく　　　るりせかい　　にちがつて　　たかせじ　そら

蓮花寺は聖武天皇の御代（724 年〜 749 年）に創建されましたが、天正伊賀の乱（1581 年）で焼失し、その後江戸時代に現在地に再建されました。創建時は、高瀬蕃地に七堂伽藍の壮大な寺院でした。往古、僧兵が鍛錬した馬場、的場、射場等が地名として今も残っています。今は、当時の隆盛を想像することはできませんが、境内に安置された石仏の中に室町時代の物が数基残っています。本堂は、高瀬公民館と同じ建物になっています。鐘撞堂には時計があり、時間は正確でしたが、鐘は見当たりませんでした。境内には比土シニアクラブの花壇があり、隣には高瀬神社があります。高瀬神社の特別祭日は 4 月 16 日です。蓮花寺はこの地域の住民の生活の拠点になっており、犬の散歩をしている人が本堂の階段に座って休憩している姿が見られました。お寺の前の道は狭く駐車場がありません。連絡先の電話番号は 29 番常福寺と同一です。朱印はセルフサービス方式で、納経料は賽銭箱に入れます。

<table>
<tr><td>第27番
札 所</td><td>報恩寺
天台真盛宗　誉峯山
<small>ほうおんじ</small></td><td>［御本尊］阿弥陀如来
［所在地］三重県伊賀市比土683
［電 話］ー</td></tr>
</table>

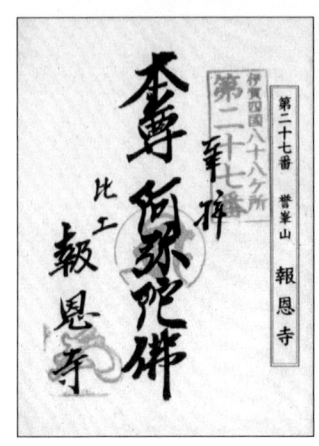

報恩寺は「南都西大寺諸国末寺帳」明徳2年（1391年）に記載されている古刹です。伊賀神戸駅前に設置されている看板では、報恩寺は「常福寺の下にあり、来迎寺が管理している」と記載されています。三枝堂で購入した朱印帳に同封されていた案内には報恩寺の連絡先電話番号が記載されていますが、平成24年（2012年）発行の第2刷の案内には、「電話番号は29番の常福寺と同じ」と記載されています。伊賀四国八十八ヶ所霊場会のホームページには「電話無」と記載されています。報恩寺に納札箱はありましたが、朱印箱は見当たらず、朱印箱の場所についての表示もありませんでした。近隣の来迎寺の本堂入り口の廊下にプラスチック製の衣装ケースのような箱があり、その引き出しを開けると、報恩寺の朱印が入っていました。その中にお寺の名前の朱印が見当たらなかったので、ベルを押してお寺のかたに尋ねてもわからないとのことで、朱印箱の中にあったハンコをお寺の名前のあたりに押しました。納経料は賽銭箱に入れます。

蓮明寺

単立　戸世山

[御本尊] 薬師如来
[所在地] 三重県伊賀市上神戸我山 1946
[電話] 0595-37-1111

〈御詠歌〉　古の　奈良より伝ふ　わが山の　薬壺の香り　ありがたきかな

蓮明寺は、玄賓僧都がこの地に薬師如来を祀り、天平時代に称徳天皇の勅願所として創建されました。現在の伽藍は安政年間に再建され、梵鐘が鋳造されましたが、昭和19年（1944年）太平洋戦争の際に供出されました。その後、平成12年に「十方有縁の奉捨によって」梵鐘が再建されました。山主の連絡先のプレートが掲示されており、連絡先住所が三重県上野市上神戸1946となっています。今は住職が不在の寺ですが、この寺をテーマにした本「村上しげゆき『蘇る天平の浪漫　伊賀四国八十八ヶ所霊場第二十八番札所蓮明寺の伝説より』文芸社、2017年5月」が出版されています。白装束でお参りしている人を唯一このお寺で見かけました。朱印はセルフサービス方式で、「納経料は賽銭箱にお収めください」と表示がありました。

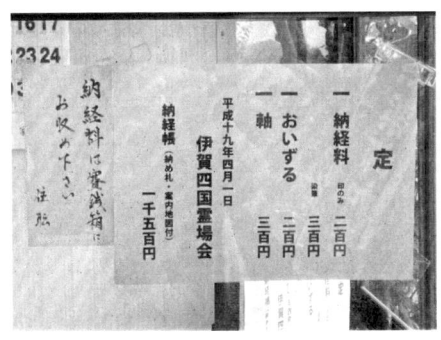

第29番 札所	**常福寺** <small>じょうふくじ</small> 真言宗豊山派 江寄山	［御本尊］ 五大明王 ［所在地］ 三重県伊賀市古郡559 ［電　話］ 0595-38-1016

〈御詠歌〉 明王の 威徳も高き 常福寺 巡る山坂 大師慕ふて

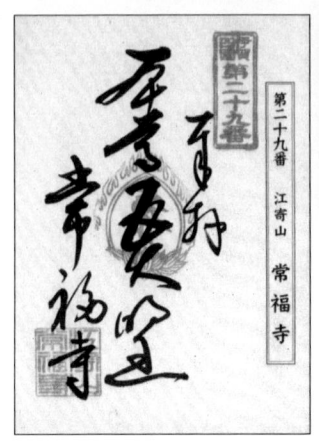

1863年に常福寺の住職の本田光照僧正によって伊賀四国八十八ヶ所霊場が開創されました。発願人である中野助次郎と共に四国巡拝に赴き、一ヶ寺ごとに本尊供を執り行い、その霊場のお土砂を持ち帰られたと伝えられています。常福寺の裏山には本四国八十八ヶ所霊場を模した常福寺大師道があり、古郡大師山遊歩道が整備されています。境内には、コウヨウザン（広葉杉）の大木があり、第19番の滝仙寺（伊賀市）、第42番の龍性院（名張市）と共に伊賀の三大広葉杉の一つになっています。ベルを押して、お寺のかたに朱印を押してもらい、直接納経料をお支払いする方式です。

<table>
<tr><td>第30番
札所</td><td>長隆寺
<ruby>長隆寺<rt>ちょうりゅうじ</rt></ruby>
真言律宗　日新山</td><td>［御本尊］大日如来
［所在地］三重県伊賀市森寺 93
［電　話］0595-37-0426</td></tr>
</table>

第30番 札所

長隆寺 <ruby>長隆寺<rt>ちょうりゅうじ</rt></ruby>
真言律宗　日新山

[御本尊] 大日如来
[所在地] 三重県伊賀市森寺 93
[電　話] 0595-37-0426

伊賀鉄道伊賀線依那古駅から徒歩約20分の長隆寺には、国指定重要文化財（彫刻）の木造薬師如来坐像、三重県指定有形文化財（彫刻）の木造大日如来坐像、伊賀市指定考古資料の層塔残欠などの文化財があり、それらの収蔵庫が境内にあります。日露戦争で旅順要塞を攻略した乃木希典将軍がロシアのステッセル将軍と会った様子を描いた額が本堂正面に飾られており、日露戦争で日本が戦勝したことがこの地域の人々にとって印象的な出来事だったと考えられます。参拝していると近隣の住民のかたが境内を案内してくださいました。そのかたは、お家の庭に栽培されている花々も見せてくださいました。赤色や白色の紫陽花やクチナシの花など6月の季節の花がたくさん咲いていました。朱印はセルフサービス方式で、納経料は賽銭箱に入れます。

持佛寺
（じ ぶつ じ）

真言宗豊山派　金谷山

[御本尊] 阿弥陀如来
[所在地] 三重県伊賀市上林635
[電　話] 0595-38-1223

〈御詠歌〉　いそげ人　弥陀のみ舟の　通うよに　のりおくれなば　いつか渡らん

持佛寺は、応仁年間（室町時代）に山城国醍醐寺より一人の僧が来て、この地に草庵を結んだことが始まりで、その後、快義という僧が堂宇を広げ、五房を建て、立派な寺院にしました。天正6年（1578年）に織田信雄の臣である滝川三郎兵衛が、伊賀の拠点である丸山城を構築するにあたって、その本陣を持佛寺に設けましたが、天正伊賀の乱（1581年）の兵火により焼失してしまいました。その後、幾多の年月が経過し、寺運が挽回して、昭和45年（1970年）に本堂を新築することになり、昭和48年（1973年）11月に完成しました。境内には石造の二宮金次郎像や地蔵菩薩像などがあり、ゆっくり散策していたら、外出から戻られたお寺のかたが本堂の戸を開けてくださり、中に入らせていただきました。お寺のかたが朱印を押してくださいましたが、留守中は、外に朱印箱が置かれていてセルフサービス方式になっているようです。納札は年に1回、お焚き上げが行われるそうです。昔は寺の境内に保育所があったので、二宮金次郎像があるそうです。

| 第32番 札所 | 無量寿福寺 真言律宗　天童山 | [御本尊] 無量寿如来 [所在地] 三重県伊賀市下神戸5 [電　話] 0595-38-1044 |

（むりょうじゅふくじ）

〈御詠歌〉　天平の　花咲くこころ　福ねがう　学徒が集う　てんどうの山

伊賀鉄道伊賀線丸山駅から徒歩約15分の無量寿福寺は、天平勝宝年間（749年〜757年）孝謙天皇の勅願により、行基が創建したと伝えられています。鎌倉時代には東大寺戒壇院流律宗の寺院として写経や講義が行われており、この地域を代表する寺院の一つとして栄えていました。この一帯は中国五山の天童景徳禅寺に似ているとして、天童山の山号が授けられました。天正伊賀の乱（1581年）の兵火により、本堂、護摩堂、客殿などすべてが焼失し、再興されたのは江戸時代でした。このお寺では、戦乱に明け暮れた伊賀衆の栄枯盛衰を偲ぶことができます。朱印はセルフサービス方式で、納経料は賽銭箱に入れます。

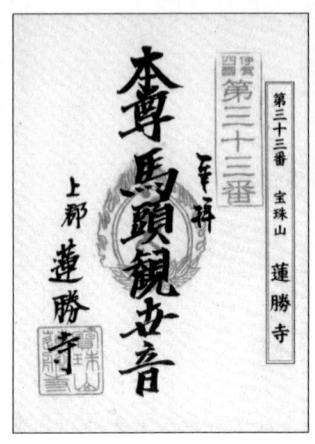

第33番
札所

蓮勝寺
（れんしょうじ）

真言宗豊山派　宝珠山

[御本尊] 馬頭観世音
[所在地] 三重県伊賀市上郡335
[電話] 0595-38-1016（連絡先）

〈御詠歌〉　暁（あかつき）の夢路（ゆめじ）に告げし（つ）　馬頭尊（ばとうそん）　衆生（しゅじょう）の厄（やく）を　食（は）みて護（まも）らん

蓮勝寺は、平安時代に上郡の常福寺の末寺として創建されました。天正伊賀の乱（1581年）の兵火で焼失したため歴史的な文献は失われ、寺歴については言い伝えによるのみです。本尊である馬頭観世音菩薩は伊賀四国八十八ヶ所巡拝寺院90ヶ寺の中で唯一となっています。旧暦の初午（2024年であれば3月19日）には厄除け観音として多数の参詣者でにぎわうそうです。昔は元上郡区の北端にありましたが、明治時代初頭に大洪水が起こり現在の地に移築されました。庭には砂利が敷かれ、弘法大師御生誕1250年を祝う多くの旗が設置されていました。朱印はセルフサービス方式で、納経料は賽銭箱に入れます。

<table>
<tr><td>

**第34番
札所**

</td><td>

不動寺
（ふどうじ）
真言律宗　引谷山

</td><td>

[御本尊] 不動明王
[所在地] 三重県伊賀市沖 1911
[電話] 0595-37-0618

</td></tr>
</table>

〈御詠歌〉　吹き荒れし　大嵐にも　不動なり　盤石なれば　三世たのもし

不動寺は、平安時代の貞観年間（859 ～ 876 年）に創建されました。天正伊賀の乱（1581 年）で焼失した後、天正 15 年（1587 年）に西大寺によって現在の不動寺として復興再建されました。伊賀市の指定文化財である本尊の不動明王や地蔵石仏などが残されています。天正伊賀の乱での焼失、また明治時代の盗賊による放火での焼失等の苦難を乗り越えて現在に至っています。入り口の掲示板には「迷悟我に在れば、発心すれば即ち至る」という言葉が掲示されていました。朱印はセルフサービス方式です。三重四国霊場 38 番札所にもなっており、その朱印も置いてあるので、朱印を間違えて押さないように、朱印の箱に注意書きがありました。ベルを押して納経料を支払いました。このお寺はご家族大勢が住まわれているようで、小さなお子さんの「パパー、誰が来はったん？」と言う声が聞こえました。無人のお寺が多い中で、このお寺は大変賑やかでした。

<table>
<tr><td>

第35番
札所
</td><td>

佛勝寺
（ぶっしょうじ）
真言律宗 福田山
</td><td>

［御本尊］薬師如来
［所在地］三重県伊賀市猪田 2159
［電 話］0595-21-2619
</td></tr>
</table>

〈御詠歌〉 風去りて 東の空を 眺むれば 涼しく照らす 瑠璃光の月

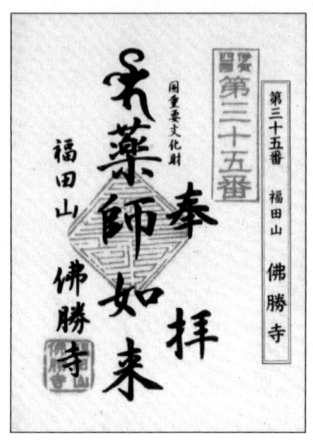

佛勝寺は第 61 代の朱雀天皇（923 年〜 952 年）の御宇高僧道雄大徳が創建しました。このお寺は東海薬師霊場の第 2 番霊場でもあります。「東海薬師ご参詣の方で朱印ご入用の方は住所、氏名を明記の上、料金と共に箱の中に入れてください。後日郵送いたします。」という掲示がありました。山門前の駐車場には用地を寄贈された奈良のかたのお名前が刻まれた石碑があり、駐車場は綺麗に整備されていました。納札箱はガラスの蓋のお寺が多く、佛勝寺の納札箱もその 1 つで、福岡県のかたのお名前の納札がありました。他の多くの霊場でもこのかたの納札をお見かけし、信心深いかたがおられることがわかりました。朱印はセルフサービス方式で、納経料は賽銭箱に入れます。

<table>
<tr><td>第36番
札 所</td><td>**勝因寺**
<ruby>勝因寺<rt>しょういんじ</rt></ruby>
真言宗豊山派　宝生山</td><td>[御本尊] 虚空蔵菩薩
[所在地] 三重県伊賀市山出 1658
[電　話] 0595-21-3559</td></tr>
</table>

〈御詠歌〉　<ruby>空海<rt>くうかい</rt></ruby>の　<ruby>誓<rt>ちか</rt></ruby>いめでたき　<ruby>求聞持<rt>ぐもんじ</rt></ruby>の　<ruby>法<rt>のり</rt></ruby>の<ruby>宝<rt>たから</rt></ruby>も　<ruby>願<rt>ねが</rt></ruby>うまにまに

勝因寺は伊賀鉄道伊賀線猪田道から徒歩約 36 分の場所に位置し、大同年間（806
年〜810 年）に創建され、「山出の虚空蔵さん」と呼ばれ親しまれているお寺で
す。忍術と深くかかわる修験者の小天狗清蔵の終焉の地です。小天狗清蔵は戦国
時代に伊賀国山出に生まれて、天正伊賀の乱で焼失した社寺伽藍の再建に努めま
した。晩年、勝因寺の住職となり、寛永 9 年（1632 年）入寂しました。納経受
付窓口があり、戸を開けると、朱印箱があり、セルフサービス方式で納経料を納
める貯金箱のような口がありました。納経受付窓口の中には伊賀四国八十八ヶ所
霊場に関する本が置かれており、自由に読むことができます。

<table>
<tr><td>

**第37番
札所**

</td><td>

徳圓寺
（とくえんじ）
真言律宗　松谷山

</td><td>

［御本尊］阿弥陀如来
［所在地］三重県伊賀市上ノ庄1852
［電　話］0595-21-3558

</td></tr>
</table>

〈御詠歌〉　眺むれば　諸法に形　あるものを　仏の徳は　圓なりけり

　徳圓寺は天正伊賀の乱（1581年）によってほとんどの堂宇が焼失しましたが、その後何度も再建されて現在に至っています。徳圓寺山門は令和5年（2023年）4月に寄進され、寺名の石碑は平成元年（1989年）10月に献納されたとあります。本堂前の香炉は昭和60年（1985年）に本四国参拝記念で設置されました。駐車場には防犯装置があるらしく、車を停めたり、人が来ると動物の声がする個性的な防犯装置でした。このお寺には大型犬がいて、写真を撮ろうとスマホを向けると、顔を背けて静かにしていました。和歌山県九度山町の慈尊院の高野山案内犬ゴンに似ています。京都府笠置町の笠置寺には案内猫の「笠やん」がいたそうで、お寺を案内してくれる動物は各地にいるようです。紫陽花が美しいお寺でした。朱印はセルフサービス方式で、ベルを押して納経料をお支払いします。

第38番 札所	市場寺 真言宗豊山派　安養山	[御本尊] 阿弥陀如来 [所在地] 三重県伊賀市菖蒲池1471 [電　話] 0595-21-3559（連絡先）

〈御詠歌〉　大杉の　齢継なぎし　うにの丘　諸仏菩薩の　守りぞゆかし

市場寺は天正伊賀の乱（1581年）の兵火にみまわれたお寺です。市場寺の本堂は、伊賀市菖蒲池界外公民館を兼ねています。本堂には、大正4年（1915年）指定の国指定重要文化財・彫刻である、木造阿弥陀如来坐像と木造四天王立像があります。この阿弥陀如来は市場寺の本尊になっています。隣には戦没者を祀る平和の礎の石碑があり、宮城奉拝所の石碑もあります。お寺の場所を近所の家のかたに尋ねると、たどり着けたかどうか様子を見に来てくださり、地域のかたの優しさを感じながら一緒にお参りをさせていただきました。朱印はセルフサービス方式で、朱印箱の近くの柱に納経料金箱があります。

<table>
<tr><td>

第39番
札所

吉田寺
<ruby>吉田寺<rt>きったじ</rt></ruby>

真言宗豊山派　<ruby>神峯山<rt>しんぽうざん</rt></ruby>

</td><td>

[御本尊] 不動明王
[所在地] 三重県伊賀市蔵縄手349
[電　話] 0595-39-0208（連絡先）

</td></tr>
</table>

〈御詠歌〉　<ruby>吉祥<rt>きっしょう</rt></ruby>や　<ruby>神<rt>かみ</rt></ruby>も<ruby>仏<rt>ほとけ</rt></ruby>も　<ruby>隔<rt>へだ</rt></ruby>てなく　み<ruby>法<rt>のり</rt></ruby>の<ruby>田<rt>た</rt></ruby>をは　<ruby>護<rt>まも</rt></ruby>りたまわん

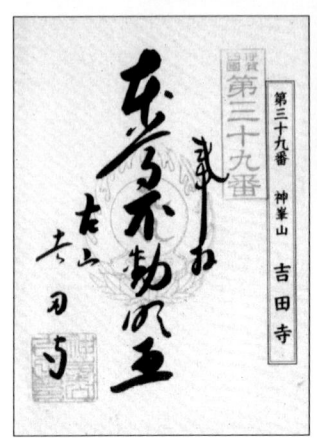

　吉田寺は、近鉄名張駅前から三重交通バス71号系統上野名張線に乗車して蔵縄手で降車し、徒歩約5分の場所に位置します。吉田寺の山門に山号と寺院名とのふりがな付きの看板がありました。筆者はそれまでこのお寺の名前が「よしだじ」か「よしだでら」かと思っていました。この看板は平成28年（2016年）3月に檀家総代によって奉納されたそうで、3名のお名前が記されていました。吉田寺の創建は鎌倉時代とされています。納札箱は郵便受けを改造した箱で、朱印はセルフサービス方式です。納経料を入れる窓口が設置されていますが、そこから部屋に納経料を投げ込むことになります。したがって小銭がバラバラにならないように納経料は事前にナイロン袋に入れて持参するとよいです。お寺の入り口に広い駐車場があり、車で参拝する場合は非常に便利です。

第40番
札所

長楽寺
ちょうらくじ

真言宗豊山派　林泉山

[御本尊] 薬師如来
[所在地] 三重県名張市東田原 560
[電　話] 0595-65-0141

〈御詠歌〉　南無薬師　救いの光　輝きて　林泉山に　晴るるうす雲

長楽寺は近鉄美旗駅から徒歩約 28 分の場所に位置し、天正伊賀の乱の兵火にみまわれました。寺名が入った石碑は、昭和 60 年（1985 年）11 月に宗祖 1150 年御遠忌と本堂落慶を記念して建立されました。石碑には施主である 3 人の名前が刻まれています。手水鉢にも奉納者の名前が刻まれています。境内に石造の十三重塔があり、「御遠忌記念　専誉僧正 400 年　頼瑜僧正 700 年　本堂再建 20 周年十三重塔開眼」と刻まれています。朱印はセルフサービス方式で、納経料は賽銭箱に入れます。参拝した時はお寺のかたがおられたので、直接納経料をお支払いしました。

<table>
<tr>
<td>

第41番
札所

大福寺
だいふくじ

高野山真言宗　岾實山

</td>
<td>

［御本尊］大日如来
［所在地］三重県名張市美旗中村1633
［電話］0595-65-3565

</td>
</tr>
</table>

〈御詠歌〉　有明の　月の光は　人々の　菩提の種を　覚ますみめぐみ

　大福寺は元亀2年（1571年）に創建されました。境内には護摩堂があります。水子供養地蔵には「カラスがいたずらをします。御供物は各自お持ち帰りください」という注意書きがありました。寿老人、福禄寿、須弥山、布袋尊、恵比寿神、大黒天、弁財天、毘沙門天を象徴する石と、それらを説明する看板がありました。広大な墓地に永代合祀墓である恩集塔があり、お寺に詳細を尋ねるための案内看板がありました。境内には檀信徒会館「みそら」があります。お寺の近隣には六地蔵があり、昔話に登場する笠地蔵のような懐かしさを感じるお地蔵様でした。付近には津島神社、国津神社があります。朱印はセルフサービス方式で、納経料は賽銭箱に入れます。

第42番
札所

りゅうしょういん
龍性院
真言宗豊山派　平照山

[御本尊] 薬師如来
[所在地] 三重県名張市滝之原 4051
[電　話] 0595-68-2975

龍性院の創建は不詳ですが、慶長年間（1596年〜1615年）に中興されました。龍性院には名張市指定文化財（彫刻）の木造如来坐像があります。この像は、総高38cm、坐幅30cmの小さな一本造の像で、平安時代後期の作です。螺髪は小粒で、表情は童顔です。左方から半身をまとった納衣の衣紋が穏やかな彫りがあります。後世に台座が補修されており、名張市内に現存する木造仏の中では最古の物とされています。境内に水子地蔵が設置され、水子菩提和讃の石碑があります。境内には大きなコウヨウザン（広葉杉）の木があります。龍性院では、42番龍性院と71番観音院の2つの朱印を押す方法になっていました。このお寺は真言宗豊山派三重県宗務支所です。朱印箱の横に納経料入れの箱が設置されています。筆者はベルを押してお寺のかたに納経料をお支払いしました。お接待としてペットボトル入りのお茶をいただきました。お接待とは何の見返りも期待せず、通りがかりのお遍路さんに親切にすることです。

常楽寺
〈じょうらくじ〉

真言宗豊山派　利生山

[御本尊] 釋迦如来
[所在地] 三重県伊賀市種生 1269
[電 話] 0595-53-0365（連絡先）

〈御詠歌〉　観る人の　心心に　顕われて　迷いを照らす　大恩の月

　常楽寺は文明 8 年（1476 年）創建と伝えられています。常楽寺には国指定重要文化財の大般若経があります。現在は折帳に改装されていますが、初めは巻子本で紙本墨書、黄褐色の楮紙が用いられていました。全 600 巻のうち、5 巻を欠いています。書写年代は奈良・平安・鎌倉・江戸の各時代にわたり、第 91 巻には「天平宝字 2 年（758 年）歳次戊戌十一月　奉為伊勢大神　願蒸し沙弥道行　書写優婆寒智」の奥書があります。経櫃は、唐櫃六合で「貞和 3 年（1347 年）倶戸羅郷」の墨書銘が残っています。また、三重県指定文化財の兼好法師画像もあります。境内には地蔵菩薩像があります。大正 4 年（1915 年）に観音講中から寄付された伊予の四国 43 番明石寺の御詠歌を刻んだ額がありました。朱印はセルフサービス方式で、朱印箱と一体型の納経料入れになっています。

<table>
<tr><td rowspan="3">第44番
札 所</td><td>不動寺 （ふどうじ）</td><td>[御本尊] 不動明王</td></tr>
</table>

第44番 札所

不動寺 （ふ どう じ）
真言宗豊山派　朝日山

[御本尊] 不動明王
[所在地] 三重県名張市長瀬1372
[電　話] 0595-69-1404

〈御詠歌〉　堪（た）え難（がた）し　苦悩（くのう）を救（すく）う　不動尊（ふどうそん）　静（しず）かに座（ざ）して　思（おも）い念（ねん）ぜよ

　不動寺は伊賀の最南端に位置しています。明治18年（1885年）に火災があり、お寺の由緒の詳細は不明です。昭和11年（1936年）北廣恒右エ門氏の篤志により本堂屋根が瓦葺に改修されました。しかし、50年が経過し、瓦の破損、屋根裏の腐食が甚だしくなりました。そのため、昭和60年（1985年）度の区総会で改修工事をすることが決定されました。委員会で様々な研究と協議を重ねて準備が進められ、翌年11月に完成しました。資金には区民共有金、地区内檀家の積み立て金、そして篤志寄付金が合わせられました。また、伊賀四国八十八ヶ所のほかに、秩父四十四ヶ所、坂東三十三ヶ所、四国八十八ヶ所、西国三十三ヶ所をすべて参拝されたご夫婦の石造りの記念碑があって感銘を受けました。朱印はセルフサービス方式で、納経料は賽銭箱に入れます。

<table>
<tr><td>第45番
札 所</td><td>惣正寺
そうしょうじ
真言宗醍醐派　神向山</td><td>[御本尊] 聖観世音
[所在地] 三重県名張市布生 1062
[電　話] 0595-69-1055</td></tr>
</table>

〈御詠歌〉　訪ね来て　願いをたのむ　観世音　美空の夢に　流るる瀬音

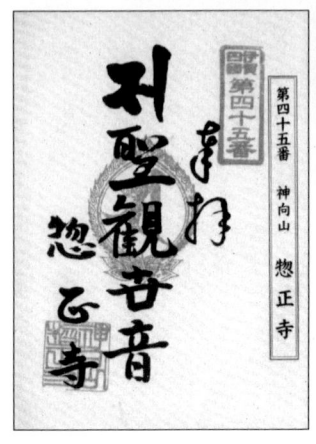 

惣正寺は鎌倉時代（1186 年〜1333 年）に開創されました。平成 9 年（1997 年）12 月に奉納された蝋燭立て箱の裏に四国八十八ヶ所順拝者 18 名のお名前が記されていました。また、手水鉢には奉納したかたのお名前が刻まれており、新居村の波野田の 2 人の名前があります。山門の横には、新しい山門・参籠所建築記念碑がありました。平成 13 年（2001 年）10 月 14 日に落慶法要が行われたそうです。その記念碑には寄進者芳名が記載されており、明王院から篤志寄進があったことが記載されています。本堂の中から読経の声が聞こえていたので、ベルを押すとご住職が出て来られて、お賽銭箱に納経料を入れました。朱印はセルフサービス方式です。朱印箱の横に「浄財」と記された箱があるので、納経料を入れる箱のように見えます。

永福寺
えいふくじ

高野山真言宗　光照山

[御本尊] 十一面観世音
[所在地] 三重県名張市下比奈知 1978
[電　話] 0595-68-1696

〈御詠歌〉　苔むせる　山の岩が根　千代経ても　大悲の誓い　変わらざらまし
こけ　　　　　やまいわね　　ちよへ　　　　だいひちか　　　か

永福寺は、近鉄名張駅前1番のりばバス停から三重交通バス33系統奥津線に乗車して下比奈知で降車し、徒歩約7分の場所に位置しています。比奈知ダムが近隣にあります。永福寺への細い道を上がって行くと、立派な2層の山門があり、その下に広い駐車場があります。寺伝によると、神亀年間（724年～729年）に創建されました。境内には、永福寺中興の祖である鈴木賢瑞頌徳碑が建っています。また、名張市指定文化財（工芸）の石造五輪塔があります。境内に霊場事務所があり、ベルを押してご朱印をお願いします。お寺のかたから御供物の落雁をいただきました。

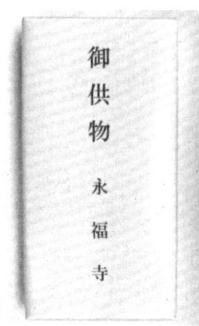

<table>
<tr><td>
第47番
札 所
</td><td>
福典寺
（ふくてんじ）
真言律宗　瑠璃山
</td><td>
[御本尊] 薬師如来
[所在地] 三重県名張市夏見1163
[電　話] 0595-63-1392
</td></tr>
</table>

〈御詠歌〉　桃の里　千代に麗し　福典寺　萬の願い　みな叶え置く

　福典寺は以前は男山が所在地でしたが、天正伊賀の乱により焼失し、現在地に移転しました。境内に鐘撞堂があり、お堂の中の階段を上がって2階で鐘を撞きます。お賽銭箱と鐘を撞く時のお祈りの言葉が表示されています。入り口の石段には寄附した4名のかたのお名前が刻まれています。朱印箱は境内の建物のカウンターのような板の上に設置されており、陶器製でした。「納経所」と陶器の札で表示されていました。朱印はセルフサービス方式でした。ベルを押して納経料をお支払いしました。お寺のかたと親しくなり、冷えた缶コーヒーをいただきました。2回目に参拝した時にはペットボトル入りお茶をいただきました。私ひとりで伊賀四国八十八ヶ所巡りをしていることに大変興味を持ってくださいました。

地蔵院
（じぞういん）

真言宗醍醐派　多宝山

[御本尊] 大日如来
[所在地] 三重県名張市青蓮寺 327
[電　話] 0595-63-2191

　このお寺の名前は青蓮寺ですが、院号である「地蔵院」と一般に呼ばれています。平安時代に空海がこの地に立ち寄って草庵を建立し、中国から持ち帰った蓮の種を蒔いたところ、池に青い蓮の花が咲いたといわれています。村人たちは、この出来事を村の繁栄の兆しと喜び、この草庵に仏様を祀り「青蓮寺」と呼び、この地を「青蓮寺村」と名付けたそうです。地蔵院は青蓮寺ダムの近くにあり、境内に紫陽花の花が綺麗に咲いていました。夏には蓮の花が咲くそうです。名張市観光協会に「なばりでお菓子屋さんめぐり」というイベントがあり、料金を名張市観光協会に支払い、コイン袋を受け取ります。青蓮寺に行きコイン袋を提示すると、青蓮寺オリジナル「ケース入りご参拝カード」をいただくことができます。朱印はセルフサービス方式で納経料は賽銭箱に入れます。

丈六寺
じょうろく じ

真言宗東寺派　多寶山

[御本尊] 釋迦如来
[所在地] 三重県名張市赤目町丈六529
[電　話] 0595-64-3226

〈御詠歌〉 六一の 北を護りし 丈六寺 如来の心 知るぞ頼もし
べんいち　　　 きた まも　　　 じょうろくじ　にょらい こころ　 し たの

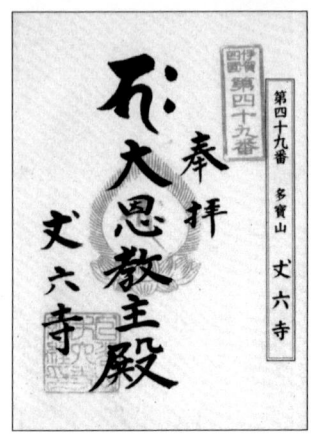

丈六寺の創建は大宝2年（702年）とされています。空海が大同年間（8世紀初め）に大和国へ巡錫のとき、室生寺創建にあたり室生四門の北門霊地として創建したと伝えられています。寺領100石、境内1町四方、本堂7間四面、仁王門、鐘楼、三層塔、地蔵堂、寺中塔頭12坊を有していましたが、天正伊賀の乱（1581年）により建物や書物など一切を焼失しました。慶長3年（1598年）に本堂を再建し、現本堂は、寛政4年（1792年）の建立です。裏庭の多くの古いお墓の中に歴代住職のものと思われるお墓もあり、このお寺の歴史を感じました。朱印はセルフサービス方式で、納経料は賽銭箱に入れます。筆者が参拝した時は、ちょうどお寺のかたが帰って来られたので、直接お支払いしました。

<table>
<tr><td>
第50番
札　所
</td><td>
極楽寺
（ごくらくじ）
真言宗豊山派　西境山
</td><td>
［御本尊］不動明王
［所在地］三重県名張市赤目町一ノ井
412
［電　話］0595-63-3168
</td></tr>
</table>

〈御詠歌〉　古里をはるばるここに　極楽の　花の台に　遊ぶ嬉しさ

極楽寺は、一ノ井をはじめ近隣九郷を領した道観長者という人によって創建されたと伝えられています。奈良二月堂お水取り（修二会）に用いられる松明を調進する行事は、鎌倉時代より一貫してこの寺を中心に行われてきました。道観長者は晩年仏心に帰依し、永久に松明を調進せよと言い遺したと伝えられています。東大寺には、聖玄という東大寺僧が宝治3年（1249年）私領六段を二月堂に寄進したとの記録があり、一ノ井に伝わる道観長者伝説と一致しているので、この聖玄と道観長者は同一人物だと考えられています。この伝統行事は、昭和31年（1956年）に名張市指定無形民俗文化財に指定され、平成14年（2002年）には、

三重県の文化財に指定されました。他のお寺よりも朱印の種類が多く「おたいまつの寺」という朱印も押してください。ベルを押して、ご朱印をお願いします。2024年2月11日に訪れた際には、伊賀一ノ井松明講による東大寺二月堂お水取りの第776回松明調進行事が行われており、お寺の前の広場で読経が行われていました。松明講一行は3月12日午前6時に本堂で道中安全祈願の後、徒歩で出発し、笠間峠を徒歩で越え、上笠間より自動車で移動し、奈良市に入って再び徒歩で松明を納めます。

<table>
<tr><td>第51番
札 所</td><td>福龍寺
ふくりゅうじ
真言宗醍醐派　寶集山</td><td>[御本尊]　聖観世音
[所在地]　三重県名張市鵜山 300
[電　話]　—</td></tr>
</table>

〈御詠歌〉　有難や　鵜山の山の　観世音　産を軽めて　女人助ける

福龍寺は奈良県山添村に近い場所に位置します。本堂の幕には令和5年（2023年）10月吉日と記載されており、新調された直後だったようです。昭和62年（1987年）11月に東京都のかたが福龍寺本堂建立資金として1500万円を寄進したことが刻まれた石碑がありました。このお寺は無住ですが、行事が活発に行われているようです。手水鉢は自然石の形を活かしたデザインで、龍の口から水が出る構造です。その横には十三重の石塔があります。令和5年（2023年）6月11日に参拝すると、6月15日にお寺の行事が行われる予定なので、その準備のために大勢のかたが掃除中でした。令和6年（2024年）2月11日に参拝に行くと、お寺の行事が行われており、多くの車が停まっていました。朱印はセルフサービス方式で、納経料は賽銭箱に入れます。

第52番
札所

ほうせんじ
宝泉寺
真言宗豊山派　八幡山

[御本尊] 千手観世音
[所在地] 三重県名張市安部田 2200
[電　話] 0595-63-3172

〈御詠歌〉　泉より　湧きて溢るる　妙智力　願う諸人　うち集いつつ

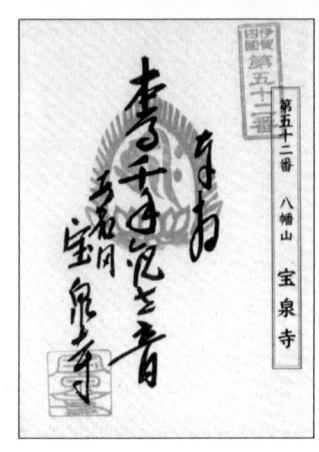

宝泉寺は奈良県宇陀市に近い場所に位置しています。このお寺には名張市指定文化財（絵画）の護念寺涅槃図があります。幅 155 cm、長さ 198 cm の絹地に彩色されており、絹地の織り方の特徴から室町時代の製作と推測されています。箱書きには、同じ安部田にあった護念寺の什物で、慶安 3 年（1650 年）に近江の元大名であった佐々木家の家人、落合左近永勝によって修復され奉納されたことが記されています。江戸時代中期に編纂された「三国地誌」には「護念寺　古書の涅槃像アリ」と記されており、その来歴がわかる貴重な資料となっています。本堂入り口には納札箱が設置されていますが、納経所は別の建物にあります。お寺のかたを呼んで朱印を押してもらいます。参拝に行った日は、地域住民のかたが、大勢来られて掃除をされていました。

<table>
<tr><td>第53番
札所</td><td>無動寺_{（むどうじ）}
真言宗醍醐派　秀山</td><td>［御本尊］不動明王
［所在地］三重県名張市黒田 902
［電話］0595-63-3173</td></tr>
</table>

第53番
札所

無動寺
（むどうじ）

真言宗醍醐派　秀山

[御本尊] 不動明王
[所在地] 三重県名張市黒田 902
[電話] 0595-63-3173

〈御詠歌〉　古来より　いとも妙なる　盤石を　げに秀山と　讃えまつらん

　無動寺は平安時代後期の創建と言われ、鎌倉時代初期には既に名張の有力寺であったことが記録に残されているそうです。江戸時代には醍醐派の中本山として賑わったそうです。お寺には木造不動明王立像（国指定重要文化財（彫刻））、阿弥陀如来来迎図（名張市指定文化財）、両界曼荼羅図（名張市指定文化財）などがあります。お寺の裏山には約1.2kmのハイキングコースがあり、約40分歩くと奈良県との県境の茶臼山の頂上に到達します。頂上近くにはNHK名張テレビFM中継放送所があり、名張の街が綺麗に見渡せます。72番蓮福寺の朱印も無動寺にあります。この2つのお寺の朱印はセルフサービス方式で、ちょうどお寺のかたがおられたので納経料を直接お支払いしました。寺名の入った書きやすいボールペンをいただきました。

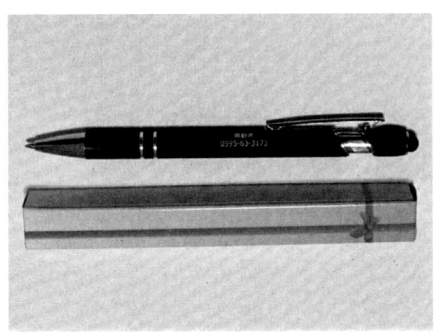

<table>
<tr><td>第54番
札所</td><td>福成就寺
<ruby>福<rt>ふく</rt></ruby><ruby>成<rt>じょう</rt></ruby><ruby>就<rt>じゅ</rt></ruby><ruby>寺<rt>じ</rt></ruby>
真言宗室生寺派　槇山</td><td>［御本尊］薬師如来
［所在地］三重県名張市箕曲中村1041
［電　話］0595-63-3363</td></tr>
</table>

〈御詠歌〉　<ruby>睦<rt>むつ</rt></ruby>まじく　<ruby>神<rt>かみ</rt></ruby>と<ruby>仏<rt>ほとけ</rt></ruby>が　<ruby>向<rt>む</rt></ruby>かい<ruby>合<rt>あ</rt></ruby>い　<ruby>笑顔<rt>えがお</rt></ruby>で<ruby>集<rt>つど</rt></ruby>う　<ruby>槇山<rt>まきやま</rt></ruby>の<ruby>寺<rt>てら</rt></ruby>

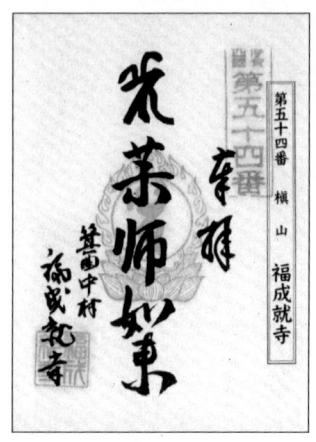

福成就寺は近鉄赤目駅から徒歩約28分の場所に位置しています。福成就寺には名張市指定文化財（工芸）である石造十三重塔があります。この塔は正応6年（1293年）4月23日、源頼政の臣、猪之早太追善のために建立されたと伝えられています。総高4.8m、基礎の角石1.27m四方、方仏5.2cm四方、笠石（最下部）78.8cm四方の大きさがあります。これは名張市内最大の石塔で、笠石の配列・軒反などの格調が優美であり、伊賀三古塔（赤目町長坂延寿院、伊賀市湯屋谷蓮徳寺）の1つと称されています。さらに、国指定重要文化財（工芸）の木造黒漆厨子もあり、その高さは20.8cmで、舎利を納めておく厨子となっています。お寺の向いには箕輪神社があります。朱印はセルフサービス方式で、朱印箱の中には納経料を入れるための箱が設置されています。

第55番
札 所

宝藏寺
ほうぞうじ

高野山真言宗　月照山

[御本尊] 無量寿佛
[所在地] 三重県名張市平尾 3232
[電　話] 0595-63-1003

〈御詠歌〉　藤の木や　春日の森の　郷の月　蓮の光　宝なりけり

宝藏寺は近鉄名張駅の駅前の交通が非常に便利な場所にあります。境内の敷石は「敷石　九間　明治三十五年六月寄進　上村惣兵ェ　米野ちか」と寄進者のお名前が刻まれています。しかし、お名前を皆が踏みつけても気にかけていない様子で、お名前が消えかかっていました。境内には裃裟斬り地蔵というお地蔵様が祀られています。江戸時代中期の享保の頃、藤堂藩邸に接する平尾村に夜な夜な大男の化け物が現れるという噂がたちました。これを聞いた家臣の中村新右衛門がこの化け物を一太刀で倒したが、遺骸は確認できませんでした。翌朝、宝藏寺前の辻にあった地蔵が裃裟掛けに真っ二つに割れて倒れていました。その時、宝藏寺第四世住職の快岳和尚が無残に斬られた地蔵を子安堂に安置し懇ろに祀って以後、村には異変が起こらなくなったそうです。朱印はセルフサービス方式で、納経料は賽銭箱に入れます。

蓮花寺

真言宗豊山派　不二山

[御本尊] 十一面観世音
[所在地] 三重県名張市大屋戸154
[電　話] 0595-64-3080

〈御詠歌〉　諸共に　祈る心の　観世音　不二の思いを　蓮の台に

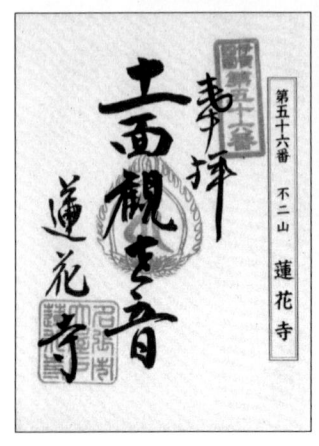

蓮花寺は近鉄名張駅から徒歩約24分の場所に位置しています。創建には一条天皇の御代（980-1011）の三河大江貞基が関わりました。当時は、本堂、護摩堂、三層堂、鐘楼堂、大師堂等の伽藍があり、寺家12坊、寺領140石を有し、33郷の鎮護の法城となっていました。しかし、天正伊賀の乱で全ての堂宇が焼失ました。その後、江戸時代中期に木造茅葺の堂、庫裡併用の寺院が建立され、修復を重ねて維持されてきましたが、荒廃が甚だしく昭和58年に檀信徒の浄財によって現本堂、庫裡が新築されました。朱印はセルフサービス方式です。参拝した時は偶然お寺のかたがおられたので、直接納経料をお支払いしました。別の日に参拝すると。「納経料はさいせん箱へ入れて下さい」と表示があることに気付きました。

<table>
<tr><td>第57番
札 所</td><td>**長慶寺**
<small>ちょうけい じ</small>
高野山真言宗　恵日山</td><td>［御本尊］阿弥陀如来
［所在地］三重県名張市蔵持町里2565
［電　話］0595-63-1620</td></tr>
</table>

〈御詠歌〉　梅の花　咲きて香るは　み佛の　恵みぞ深き　うにの岡かな

　長慶寺は近鉄桔梗が丘駅から徒歩約15分という、にぎやかな地域にありますが、静かな環境の中のお寺でした。芭蕉句碑があり、「香ににほえ　うにほる岡の梅の花」と刻まれています。この句碑は、芭蕉翁100回忌を記念して名張の俳句同志隠州社中によって寛政5年（1793年）に建てられました。寺伝によれば、句碑は、はじめ初瀬街道沿いにありましたが、県道の改修によってこの寺に移動したそうです。芭蕉の句は自然を詠んだ句が多いですが、数少ない人情を表した句であり、書体が変体仮名と、珍しい句になっています。この句碑の特徴は、石を叩くと金属音を発することで、永く親しまれています。住職の平澤永龍師は、不登校で悩む子どもたちの居場所を作る活動をされていて、長慶寺を活用することを提案されています。納経はセルフサービス式で、納経料は賽銭箱に入れます。

善福寺
（ぜんぷくじ）

真言宗豊山派　月照山

[御本尊] 阿弥陀如来
[所在地] 三重県名張市八幡295
[電話] ―

〈御詠歌〉　願わくば　永き祈りの　夢の中　月ぞ照らさん　弥陀の浄土を

善福寺は近鉄桔梗が丘駅から徒歩約38分の場所に位置しています。本堂には掛け時計があり、正確な時刻が示されていたことから、この地域の住民のかたの手入れが行き届いていることを感じました。入り口の石碑は平成4年（1992年）11月に上野市の石材店「石の中原」から寄進された、とあります。別の石碑には、「村中安全」と記されています。敷地内には八幡区集会所があります。朱印は立派なサイドテーブルのような箱に納められています。箱の上から2段目が納札入れになっており、一番下の段に朱印が収められています。朱印はセルフサービス方式で、納経料は賽銭箱に入れます。

明王院
みょうおういん

真言宗醍醐派　中山

[御本尊] 不動明王
[所在地] 三重県名張市薦生213
[電　話] 0595-63-4874

〈御詠歌〉　中山の里にまします　不動尊　二世にわたりて　救い守らん
なかやま さと　　　　　　 ふどうそん　に せ　　　　　　　　すく まも

明王院は、このお寺の隣の中山神社の別当寺院として鎌倉時代に創建されたと言われています。明王院本堂の前には鈴の隣に、開運招福　百八煩悩滅除大念珠があります。お不動様のお姿を心に念じて、ゆっくりと手前に引くと、珠が上から落ちてきてカチカチと音がします。この音で厄難が除かれ、運が開きます。こうしてお不動様のご利益をいただくことができます。また、本堂の横には護摩堂があり、本堂の前には大師堂があります。境内には明王院美術館があり、仏像が展示されています。朱印はセルフサービス方式で、納経料は賽銭箱に入れます。

蓮明寺
れんみょうじ

真言宗豊山派　成就山

[御本尊] 聖観世音
[所在地] 三重県伊賀市大滝 1712
[電　話] 0595-39-0208（連絡先）

〈御詠歌〉　澄みわたる　大空映す　滝しぶき　甘露の徳を　降り灌ぐなり

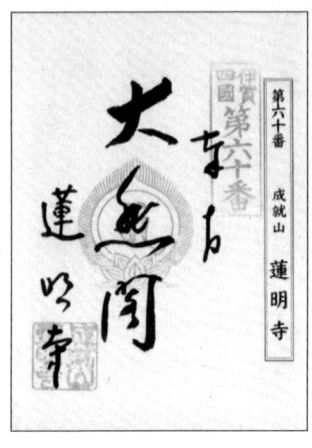

花垣地区住民自治協議会によって地区内の史跡名勝を探索することを目的として立ち上げられた花垣歴史研究会が平成 21 年（2009 年）に蓮明寺境内に設置した看板によると、蓮明寺は古くは京都仁和寺の末寺でしたが、後に真言宗豊山派長谷寺の末寺となりました。天正伊賀の乱によって焼失し再興されましたが、後に2度の火災に遭い、その都度再建されました。近くにある建部神社の棟札からは、かつて別当寺であったことがうかがえます。境内の横手には大きな銀杏の木が3本ありましたが、平成5年の本堂改築の際に2本が切り倒されました。納経所と表示されている窓口があり、その中には朱印箱が設置されています。納経料は賽銭箱に入れます。私が訪れている間に近所のかたが通りかかり、私が京都から来たことを話すと、京都には立派なお寺がたくさんあるのに、このような田舎のお寺を参拝することを不思議がっておられました。

<table>
<tr><td>第61番
札 所</td><td>池辺寺
<small>いけべじ</small>
真言宗豊山派　花垣山</td><td>［御本尊］　不動明王
［所在地］　三重県伊賀市予野 197
［電　話］　0595-39-0208（連絡先）</td></tr>
</table>

　花垣歴史研究会が平成 21 年（2009 年）に設置した看板によると、池辺寺は延宝元年（1673 年）圓海法印によって再建されました。隣には花垣神社があり、江戸時代には花垣神社の別当寺でした。花垣神社の棟札から池辺寺の宮坊（住職）の名前も読み取れます。花垣神社の拝殿、鐘楼の棟札には、池辺寺の宮坊の名前があり、芭蕉句碑の謂れ書きに、二代の宮坊の努力によって、建立されたことが記されているとのことです。明治初期にお寺は神社から独立し、大正 4 年からは区長、役員寺総代の連名で与野地区全体の菩提寺になりました。お参りした日の夕方には担当のかたが車でお賽銭の回収に来られて、丁寧に管理されている様子がうかがえました。朱印はセルフサービス方式です。「納経料は、恐れ入りますが賽銭箱にお入れください」と表示がありました。

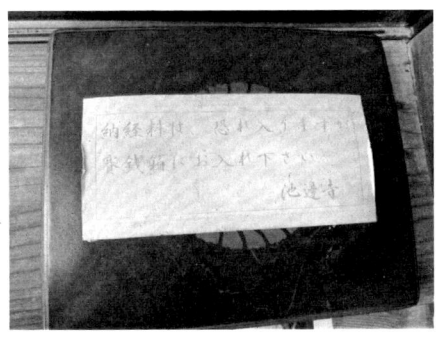

薬師寺
真言宗豊山派　與楽山

[御本尊] 薬師瑠璃光如来
[所在地] 三重県伊賀市治田 5083
[電　話] 0595-20-1352

薬師寺は奈良市に近い場所に位置しています。鎌倉末期から室町初期に京都仁和寺の関係者により創建されましたが、天正伊賀の乱で全山が焼失し、元禄年間に慶雄法師により再建されました。その後、文化文政年間（1804 年～ 1830 年）に二度の火災に遭い、後に本堂、庫裡などが再建され、現在に至りますが、本堂は平成 9 年（1997 年）に建て替えられました。本尊の薬師如来は日光・月光菩薩を従えて安置されています。境内には伊賀市指定の天然記念物である八幡杉と、文化財である静御前の供養塔（鎌倉末期の五輪塔）があります。また、鐘撞堂があり「三毒清浄の鐘」があります。鐘を撞く時の鳴鐘作法の説明が記された看板があります。朱印はセルフサービス方式で、納経料は賽銭箱に入れます。

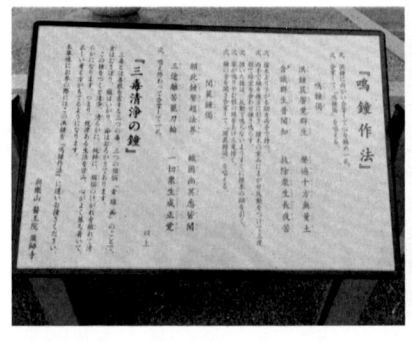

<table>
<tr><td rowspan="2">第63番
札 所</td><td>慈尊寺
<small>じ そん じ</small></td><td>[御本尊] 弥勒菩薩</td></tr>
</table>

第63番
札 所

慈尊寺
<small>じ そん じ</small>

真言宗豊山派　龍華山

[御本尊] 弥勒菩薩
[所在地] 三重県伊賀市白樫 1530
[電　話] 0595-47-0557（連絡先）

〈御詠歌〉　菊薫る　秋の夕べに　佇みて　龍華三会の　暁を待つ
<small>きくかお　　あき ゆう　　　　たたず　　りゅうげさん え　　あかつき　ま</small>

現在の慈尊寺の位置のそばに建っていた地蔵院不動寺が、天正伊賀の乱にて焼失した時に、村人が焼かれるまでに本尊を持ち出そうとしたが、大きすぎて持ち出せなかったため、脇仏を現在の慈尊寺の位置に建っていた尼寺に疎開させたと伝えられています。その後、お寺は慈尊寺として再建されました。慈尊寺境内に本堂新築記念碑の石碑がありました。平成 10 年（1998 年）11 月 8 日に落慶式典が行われたそうです。花垣歴史研究会が設置した看板によると、境内には石造板碑があり、上部に梵字が彫られているそうです。それは白樫地区の真中の白樫館跡裏辺りの高台にあったと言われる不動寺の遺蹟から見つかった物と伝えられています。朱印はセルフサービス方式です。朱印箱の中に赤い羽根募金箱があり、その中に納経料を入れます。

<table>
<tr><td>第64番
札所</td><td>菊昌院
（きくしょういん）
真言宗豊山派　龍王山</td><td>［御本尊］聖観世音
［所在地］三重県伊賀市法花 2538
［電　話］0595-20-1745</td></tr>
</table>

菊昌院へ行くには近鉄名張駅前から三重交通バス 71 号系統上野名張線に乗車し八幡町で降車します。さらに八幡町バス停から三重交通バス 52 号系統月瀬線に乗車し七本木で降車し、バス停から徒歩約 28 分の場所に位置します。車で行くと、先に人家やお寺があるとは思えない山道を通っていきます。菊昌院の縁起は定かではありません。入口の戸を開けると、朱印箱や鈴、賽銭箱が置かれています。種々のパンフレットも置かれ、「ご自由にお持ち帰りください　菊昌院総代」と表示されていました。「無断立入禁止　警備中　警備担当　名阪警備保障（株）」という看板もありました。境内には愛宕山の灯篭があります。手水鉢の前面には「清浄水」と刻まれていました。観音菩薩像のような石像があり、西洋風にも見える姿でした。朱印はセルフサービス方式で、納経料は賽銭箱に入れます。

<table>
<tr><td>第65番
札 所</td><td>長楽寺
<ruby>ちょうらくじ<rt></rt></ruby>
真言宗豊山派　重秀山</td><td>［御本尊］薬師如来
［所在地］三重県伊賀市法花3049
［電　話］0595-20-1115</td></tr>
</table>

長楽寺は64番菊昌院の近くに位置し、何とか車が通れる細い山道を登っていきます。長楽寺は文安2年（1445年）6月3日に創建されました。平成22年度に自然災害防止事業が行われたことを示す三重県環境部が設置したプレートがありました。さらに、テレホン法話のポスターが掲示され、電話番号が書かれていました。「三重県下の真言宗豊山派のお寺のお坊さんの法話を気軽に電話で聞くことができます。法話をするお坊さんは毎月かわります。お近くのお寺のご住職のお話が聞けるかもしれませんよ。」と説明文が記されています。朱印はセルフサービス方式で、納経料は賽銭箱に入れます。

観菩提寺
かんぼだいじ

真言宗豊山派　普門山

[御本尊] 十一面観世音
[所在地] 三重県伊賀市島ヶ原1349
[電　話] 0595-59-2009

〈御詠歌〉　松風や　清水を結ぶ　袖よりも　菩提の植木　涼しかるらん

観菩提寺は、伊賀四国八十八ヶ所霊場の中で最も京都府に近いお寺です。観菩提寺は正月堂とも呼ばれ、天平勝宝3年（751年）に、聖武天皇の勅願寺として創建され、奈良東大寺の実忠和尚により開山された由緒あるお寺で、島ヶ原では有名な古刹の一つです。秘仏十一面観音は高さ205.2cm木造立像で、33年に1度の開帳があります。本堂、楼門、本尊11面観音立像はそれぞれ重要文化財に指定され、2月11日、12日の修正会は三重県の無形民俗文化財に指定されています。木造多聞天立像は令和5年（2023年）度から2年間修復作業のため、お留守になっています。受付に朱印箱があり、セルフサービス方式で押印します。納経所にベルがあり、ベルを押して納経料をお支払いします。

<table>
<tr><td>第67番
札 所</td><td>徳楽寺
とくらくじ
真言宗御室派　塩岡山</td><td>［御本尊］薬師如来
［所在地］三重県伊賀市西高倉 3543
［電　話］0595-21-5874</td></tr>
</table>

〈御詠歌〉　絶ちし塩　持ちて詣らば　山となる　医王の誓い　超えて救わん

　保延 6 年（1140 年）頃、藤原氏が京都東九条に興善院を建て、上野市新居荘の水田 20 町歩を寺領としました。その荘務を行うために徳楽寺が建てられました。本堂横に鎮座するお地蔵様の後ろに階段があり、境内を 1 周することができます。墓地脇には徳楽寺供養塔、六地蔵など、様々な石造物が建っています。手水鉢の横の石碑は、「本四国巡拝記念、昭和 53 年 3 月」と刻まれていて、奉納された 9 名のお名前が刻まれています。2 月 3 日には厄除息災護摩祈祷が行われます。このお寺の前の道沿いには JR 関西本線の線路があります。お寺の入り口にある木は、「となりのトトロ」のトトロがオカリナを吹いていた木に似ています。朱印はセルフサービス式で、納経料は賽銭箱に入れます。

<table>
<tr><td>第68番
札 所</td><td>蓮福寺
<ruby>蓮<rt>れん</rt></ruby><ruby>福<rt>ぷく</rt></ruby><ruby>寺<rt>くじ</rt></ruby>
真言宗豊山派　日照山</td><td>［御本尊］不動明王
［所在地］三重県名張市南古山1777
［電　話］0595-39-0208（連絡先）</td></tr>
</table>

〈御詠歌〉　<ruby>雷<rt>かみなり</rt></ruby>や　<ruby>嵐<rt>あらし</rt></ruby>の<ruby>音<rt>おと</rt></ruby>も　<ruby>鎮<rt>しず</rt></ruby>めおき　<ruby>巡<rt>めぐ</rt></ruby>りし<ruby>人<rt>ひと</rt></ruby>に　<ruby>福<rt>ふく</rt></ruby>を<ruby>授<rt>さず</rt></ruby>けん

　蓮福寺は吉田寺の末寺として創建された古刹です。境内には名張市指定文化財（工芸）の石造五輪塔があります。この五輪塔は、寺の西方50mの墓地の中心に建てられ、亡くなった人々の供養を行うためのものでしたが、後に現在地に移されました。高さは157cm、基壇高は62cmあり、花崗岩でできていて、無銘ですが、<ruby>反花座<rt>はんかざ</rt></ruby>や<ruby>火輪<rt>かりん</rt></ruby>のそり等から、鎌倉時代末期の作と推定されています。朱印はセルフサービス方式で、本堂脇の事務机用のサイドテーブルのようなスチール製の引き出しの中に朱印箱がありました。箱の中に「納経銭入れ」と表示がある紙箱がありました。

第69番 札所 佛土寺

ぶつどじ

真言宗豊山派　平野山

[御本尊] 阿弥陀如来
[所在地] 三重県伊賀市東高倉 3444
[電　話] 0595-21-3355

佛土寺の本尊阿弥陀如来坐像は、胎内銘から 承安 2 年（1172 年）12 月 29 日、伊賀氏、渡会氏、多氏等により造立されたことがわかっており、このことから当寺の創建は、本尊が安置された承安 2 年ではないかと考えられています。建長 5 年（1253 年）藤原道家の家領処分状案に、「伊賀国仏土院」と記されており、当初は京都東福寺の末寺であったようです。天正伊賀の乱の兵火によって堂宇を焼失しました。重要美術品の雁塔は鎌倉時代に製作され、総高は 470 cm です。また、多宝塔も鎌倉時代に製作されており、総高は 573 cm です。本堂入り口の階段には、奈良在住のかたによって製作された案山子が置かれていました。令和 6 年（2024 年）2 月に再訪した際には、異なる案山子が置かれていました。本堂の右の建物に事務所があり、ベルを押して建物の中で朱印を押してもらいます。

大寳寺
だい ほう じ

真言宗豊山派　寒生山

[御本尊] 阿弥陀如来
[所在地] 三重県伊賀市安場 3038
[電　話] 0595-39-0208

大寳寺は、近鉄名張駅前から三重交通バス 71 系統上野名張線に乗車し安場で降車し、徒歩約 4 分の場所に位置します。寺の由来など詳細は不明です。御詠歌の表示は見当たらなかったのでお寺のかたに聞くと、ご詠歌はあるとのことでした。手水鉢の側面には施主のかたの氏名が刻まれていました。旗を立てる台は、「落慶 1 周年記念」として檀家総代の 3 人の氏名が刻まれていました。お寺には「安場区（大寳寺）駐車場」と書かれた広大な駐車場が備えられており、法要・行事の際には大勢の方が集まられることと見受けられます。朱印はセルフサービス方式で、納経料は賽銭箱に入れる方法ですが、お寺のかたがおられたので直接納経料をお支払いしました。お接待としてペットボトル入りのお茶をいただきました。

第71番 札所 観音院
かんのんいん
真言宗豊山派　城谷山

[御本尊] 十一面観世音
[所在地] 三重県名張市神屋 1645
[電話] ―

観音院は、天正伊賀の乱の兵火により堂宇が焼失し、創建は不詳です。観音院は山の中の無人のお寺で、近くに民家は見当たらず、前の道は多くの車が途切れなく通り過ぎます。神屋区集議所が境内にあります。そこには周辺の地図が掲示されており、42 龍性院、44 不動寺、45 惣正寺、71 観音院、84 妙楽寺、46 永福寺、47 福典寺、48 地蔵院の大まかな位置が表示されています。「観音院 71 番の納経は滝之原の龍性院 42 番で取り扱います」と表示があり、朱印は龍性院で押します。山の中の交通量が多い道から狭い脇道に入り、わかりにくい場所にお寺があります。お寺に辿り着くと、ろうそくと線香の火が点いていて、筆者が来る直前に、誰かが参拝したようでした。このような状況から、「香煙絶えることなし」という言葉がぴったりあてはまるお寺だと思いました。

蓮福寺
（れんぷくじ）

真言宗醍醐派　上津山

[御本尊] 不動明王
[所在地] 三重県名張市赤目町檀447
[電話] ―

〈御詠歌〉　赤目なる　清けき里に　壇築き　弁財天の　功徳とこしえ
（あかめ）（さやさと）（だんきず）（べんざいてん）（くどく）

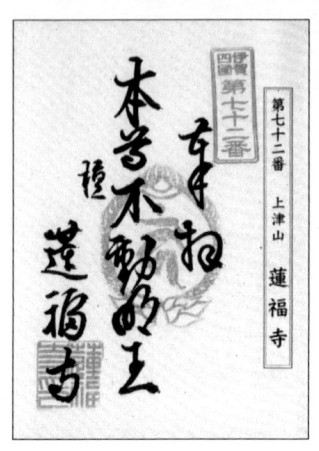

東大寺文書に「蓮福寺」の名が出ており、創建はかなり古く鎌倉時代初期と考えられています。元の本尊である不動明王は天正伊賀の乱（1581年）の兵火で焼失してしまったので、享保18年（1733年）壇村の渕屋与治郎兵衛という人が仏師に作らせて奉納したと言われています。「当上津山蓮福寺（七十二番）の宝印は秀山無動寺でお受け下さい」と表示があり、このお寺の朱印は、53番無動寺にあります。納札箱は設置されていました。本堂に、戸締り用心、火の用心を呼びかける看板がありました。お寺の裏に名張市立錦生赤目小学校があります。

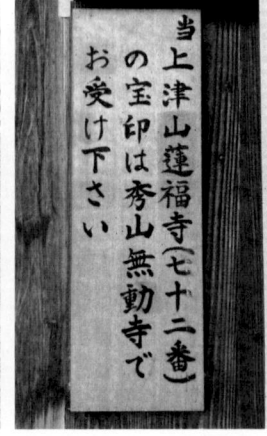
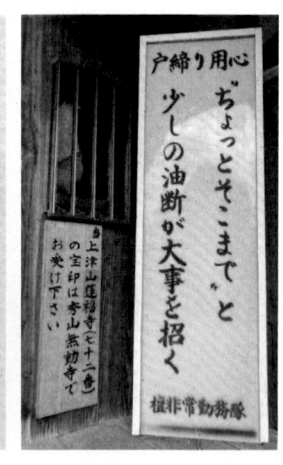

<table>
<tr><td>

**第73番
札所**

福楽寺（ふくらくじ）

高野山真言宗　櫻本山

</td><td>

[御本尊] 十一面観世音
[所在地] 三重県名張市短野246
[電話] ―

</td></tr>
</table>

〈御詠歌〉　短野（みじかの）の　櫻本（さくらもと）なる　観世音（かんぜおん）　山辺（やまべ）の里（さと）に　おわしますなる

福楽寺は奈良県山添村との県境にあります。天正伊賀の乱（1581年）の兵火で焼失しましたが、その後再建されました。建物の入口の戸の貼り紙に『三重四国番外 伊賀四国73番霊場お詣りの方へ　御納経印「朱印箱」「浄財お賽銭箱」はこの内側にあります。お開け下さい。普段は住職不在の為、ご自分で御印を押して下さいますようお願い致します。』と表示されていました。朱印箱は風雨を避けるために室内にあり、きちんと整備されていました。エアコンの室外機の上には郵便物が置かれており、無人の様子でした。近くには梅が丘の住宅地があり近代的な家が建ち並んでいる地域ですが、福楽寺はのどかな農村の風景の中にあります。

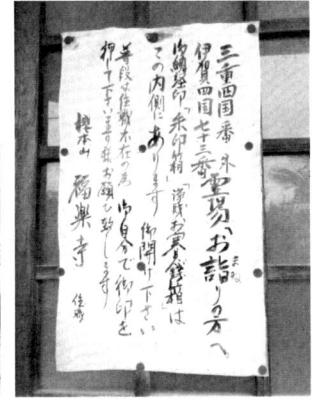

<table>
<tr><td>第74番
札 所</td><td>金傳寺
真言宗豊山派　八段山</td><td>[御本尊]　五大明王
[所在地]　三重県伊賀市上野西大手町
　　　　　3882-1
[電　話]　—</td></tr>
</table>

（きんでんじ）

金傳寺は伊賀市の中心部に位置していますが、町なかにもかかわらず落ち着いた雰囲気が漂っています。現在の本堂の建立は、棟札より天明7年（1787年）5月であることがわかります。お庭が美しく整備されていました。つくばいの横には手拭き用の布巾が置かれており、参拝者への心遣いが感じられました。朱印はこのお寺には無く、76番善福院で押印します。近くには鍵屋の辻があり、寛永11年11月7日（1634年12月26日）に渡辺数馬と荒木又右衛門が河合又五郎を討った事件がありました。伊賀越の仇討ちと呼ばれており、後世に歌舞伎や講談などの題材となりました。その跡地は公園になっており、数馬茶屋という茶店がありましたが、耐震性不足などを理由に最近閉店しました。和風スイーツだけでなく、定食もおいしかったので残念です。

萬福寺
真言宗豊山派　上野山

[御本尊] 阿弥陀如来
[所在地] 三重県伊賀市上野寺町1157
[電　話] 0595-21-0412

萬福寺は昔、平楽寺と呼ばれ、上野城の西に位置する大きな寺でした。しかし、天正伊賀の乱（1581年）の兵火によって焼失しました。その後、藤堂高虎が入国した後の1608年にこの地に移されたと伝えられています。伊賀越仇討で知られる河合又五郎の墓がこの寺にあります。また、伊賀市指定文化財の鰐口があります。境内には無縁塔、納骨塔が配置されています。境内の掲示板に社会福祉法人　伊賀市社会事業協会のポスターが掲示されており、「私たちは上野寺町にある障がい者の施設「かしの木ひろば」で作業をしています。この度、檀家の皆様に代わり、大切なお墓のお掃除をさせて頂く仕事を始めました。」と記され、掃除の利用料金や掃除の申し込み方法が案内されていました。朱印はセルフサービス方式で、朱印処に朱印料を入れる箱が設置されていましたが、お寺のかたがおられたので、直接お支払いしました。

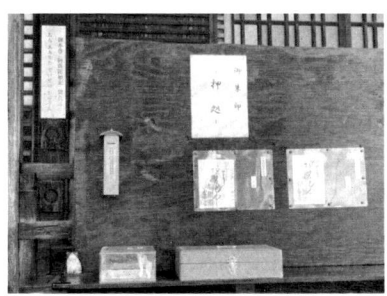

第76番 札 所	善福院 _{ぜんぷくいん} 真言宗豊山派　松涼山	[御本尊] 十一面観世音 [所在地] 三重県伊賀市上野寺町 1176 [電　話] 0595-21-2140

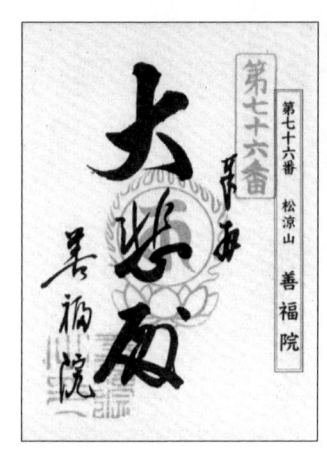

　善福院には天和2年（1682年）に33体の観音が奉納され、それらが諸寺に分け与えられ、巡礼の信仰仏となりました。このことが伊賀国巡礼の始まりだと伝えられており、善福院に伊賀四国八十八ヶ所霊場巡拝の起源があるようです。伊賀市街の寺町通りから新町通りへの往来が許され、この寺は「ゆきぬけ寺」と呼ばれていますが、現在は、通り抜けはできません。この地域には、寺町という町名のとおり、76番善福院と75番萬福寺があり、お寺が建ち並ぶ景観を重視した街並みが整備されています。境内には昭和36年（1961年）9月の第二室戸台風によって倒れた樹齢約400年の松の木の代わりに植樹された「影向の松」があります。第74番金傅寺の朱印もここで押します。朱印はセルフサービス方式ですが、お寺のかたがおられる時だったので、朱印を押していただきました。京都の老舗財木屋のお線香をいただきました。

第77番 札所 薬師寺
やくしじ

真言宗豊山派　上野山

[御本尊] 薬師如来
[所在地] 三重県伊賀市上野伊予町 1049
[電話] ―

薬師寺は伊賀市の中心部、伊賀鉄道の線路に近い住宅街の中にあります。薬師寺は伊賀四国八十八ヶ所霊場を開創した本田光照大和尚の終焉の寺です。お寺の向いには墓地が広がっています。墓地には祭祀者不明の墓石を無縁墓石として処理する期限が檀家あてに掲示されていて、古刹ならではの歴史を感じさせられました。墓地の隣には北向水掛地蔵尊があり、千羽鶴が掛けられたお地蔵さんが並んでいます。朱印はセルフサービス方式で、納経料は賽銭箱に入れます。

愛染院
あいぜんいん

真言宗豊山派　遍光山

［御本尊］金剛愛染明王
［所在地］三重県伊賀市上野農人町354
［電　話］0595-21-4144

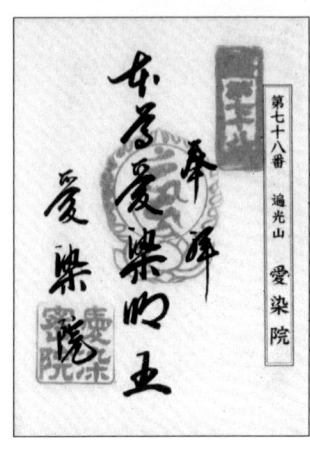

文治、建久年間（1185年〜1199年）、京都醍醐寺の寛深僧正がこの地で、後鳥羽天皇（在位1183〜1198）の病気平癒祈願を修すると、本尊愛染明王は霊光を放ち霊験により平癒されたと伝えられています。このご尊像を鏡覚阿闍梨が元歴年間（1184年〜1185年）にこの地に安置し、遍光山愛染院願成寺を創建しましたが、天正伊賀の乱（1581年）の兵火で焼失しました。その後、法印実恵が寛文年間（1661年〜1673年）に再興、先師の岡森有章僧正が再中興し、さらに昭和60年（1985年）10月に木造瓦葺きで堂宇が新築完成しました。境内には子安弘法大師像、行者堂、地蔵堂などがあります。また、愛染院は松尾芭蕉翁家の菩提寺であるため、伊賀の門人達が翁の遺徳を偲び、遺髪を愛染院に埋め、「故郷塚」とよばれる一基の墓を建立しました。芭蕉は正保元年（1644年）伊賀上野赤坂町に誕生し、元禄7年（1694年）大阪南御堂花屋で51歳で死去しました。朱印はセルフサービス方式で、納経料は賽銭箱に入れます。

第79番 札所 安楽院

あんらくいん

真言宗豊山派　法爾山

[御本尊] 訶利帝母尊（かりていもそん）
[所在地] 三重県伊賀市上野農人町486
[電　話] 0595-23-2406

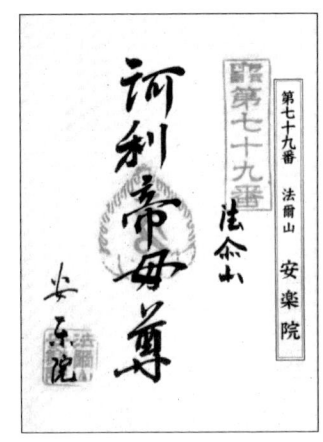

安楽院は伊賀市の伊賀街道沿いの市街地に位置しています。安楽院には町内の安全を祈願するために大般若十六善神が祀られています。本堂には訶利帝母尊（かりていもそん）の御真言が表示されており、「おんどどまりぎゃきていそわか」とされています。境内には開運地蔵があり、「地蔵菩薩の相（すがた）をみて、あるいは地蔵菩薩の名を聞き、仰ぎみて礼拝せば、諸々の福を増し、大いなる安楽を受く、また、永く悪しき世界へ堕すこともなし、ましてや諸々の香華、衣服、飲食、宝貝、瓔珞をもって供養せば、獲るところの功徳と福利は無量無辺とならん」と記されています。安楽院は牡丹寺として有名で、毎年数百株の牡丹が境内を埋め尽くします。朱印はセルフサービス方式で、納経料は賽銭箱に入れます。

<table>
<tr><td>第80番
札 所</td><td>宝積寺
<small>ほうしゃくじ</small>
真言宗室生寺派　鹿髙山</td><td>[御本尊] 十一面観世音
[所在地] 三重県名張市矢川774
[電 話] ―</td></tr>
</table>

宝積寺は第49番丈六寺の末寺でしたが、明治末期に分離しました。宝積寺は丈六寺の南西約1.4km、近鉄大阪線の線路に沿った奈良県宇陀市に近い場所に位置しています。この近辺に鹿高という集落があり、寺の山号が鹿髙山となっています。本堂前のろうそく立てと線香立てはどちらも昭和61年（1986年）に寄進され、それぞれに寄進者の名前が記されていました。2023年6月10日に訪問すると何人かのかたがお寺の整備作業をされていました。2024年1月には、墓参の人の姿を多く見かけました。朱印はセルフサービス方式で、本堂入口の白壁に郵便受けのような納経料投入口があり「納経料はここに入れてください」と表示があります。

<table>
<tr><td>第81番
札 所</td><td><ruby>観音寺<rt>かんのんじ</rt></ruby>
真言宗豊山派　日秀山</td><td>［御本尊］阿弥陀如来
［所在地］三重県伊賀市東谷1254
［電　話］—</td></tr>
</table>

第81番の観音寺は、近鉄名張駅前から三重交通バス71系統上野名張線に乗車して古山局前で降車し、徒歩約15分の場所に位置しています。この寺には国指定重要文化財（彫刻）の木造阿弥陀如来坐像があります。像高は88cmで平安時代終わり頃の作とみられています。その頭部は螺髪、白毫は水晶嵌入、前面で定印を結び、右足を上にして、結跏趺坐した姿で、全体に黒色ですが、漆箔であった可能性も考えられています。袈裟は左方より掛かっており、右肩にも少し掛かっています。形がよく整っており、定朝様式を伝えています。光背は昭和41年（1966年）9月に発見され、江戸時代のものと推定されています。本堂は令和3年（2021年）5月に新築されました。朱印はセルフサービス方式で、納経料は賽銭箱に入れます。

<table>
<tr><td>第82番
札所</td><td>**観音寺** <small>（かんのんじ）</small>
真言宗室生寺派　日照山</td><td>［御本尊］十一面観世音
［所在地］三重県名張市朝日町1272
［電話］0595-63-1304</td></tr>
</table>

〈御詠歌〉　障りなく　迷いの雲の　空晴れて　大慈大悲の　誓いたのもし

　第82番の観音寺は、名張市中心地の商店街近くのにぎやかな場所にあり、周囲には高層マンションが立ち並んでいます。このお寺は天正伊賀の乱で焼失し、縁起の詳細は明らかではありません。三枝堂で購入した朱印帳のセットの中に伊賀遍路の案内書が入っており、その案内書に記載されていた伊賀四国八十八ヶ所霊場会事務局のお寺です。しかし伊賀四国八十八ヶ所霊場ホームページでは事務局は9番喜福寺と記載されています。本堂へのお参りは右側の玄関より入ります。境内には六地蔵があります。2月1日に節分星祭が行われ、除災祈願、招福、開運のための護摩祈祷や豆まき法要が厳修されます。ベルを押してご朱印をお願いします。供物のお下がりとして、お饅頭などのお菓子をいただきました。

<table>
</table>

| 第83番
札 所 | # 蓮徳寺 <ruby>蓮<rt>れん</rt></ruby><ruby>徳<rt>とく</rt></ruby><ruby>寺<rt>じ</rt></ruby>
真言宗豊山派　梅母山 | [御本尊] 薬師如来
[所在地] 三重県伊賀市湯屋谷 1001
[電　話] 0595-39-0208（連絡先） |

〈御詠歌〉　その昔　癒し湯出る　この里を　訪ねばいまだ　功力あらたか

蓮徳寺は近鉄桔梗が丘駅前から三重交通バス 71 系統上野名張線に乗車して蔵縄手で降車し、徒歩約 12 分の場所に位置します。蓮徳寺は延暦年間（800 年頃）に行基により創建されました。本尊である薬師如来は、諸願成就や万病平癒の霊験あらたかな仏様として、古くより伊賀地域の多くの人々の信仰を集めています。脇仏の日光菩薩と月光菩薩は、藤原時代の有名な彫刻家定朝の作とされており、その一本作りの均整のとれた優美で荘厳な彫刻が見事であったため、大正 4 年（1915 年）に国宝に指定されました。現在は昭和 41 年（1966 年）4 月に建立された収宝庫に安置されており、多くの参拝者が訪れています。朱印はセルフサービス方式で、「納経料は賽銭箱にお願いします」という表示があります。

<table>
<tr><td>第84番
札所</td><td><ruby>妙楽寺<rt>みょうらくじ</rt></ruby>
真言宗室生寺派　吉慶山</td><td>[御本尊] 不動明王
[所在地] 三重県名張市奈垣 18
[電　話] 一</td></tr>
</table>

〈御詠歌〉　<ruby>山里<rt>やまざと</rt></ruby>に　<ruby>妙<rt>たえ</rt></ruby>なる<ruby>調<rt>しら</rt></ruby>べ　<ruby>聴<rt>き</rt></ruby>こえ<ruby>来<rt>く</rt></ruby>る　<ruby>祈<rt>いの</rt></ruby>り<ruby>届<rt>とど</rt></ruby>かん　<ruby>幸<rt>しあわ</rt></ruby>せの<ruby>世<rt>よ</rt></ruby>に

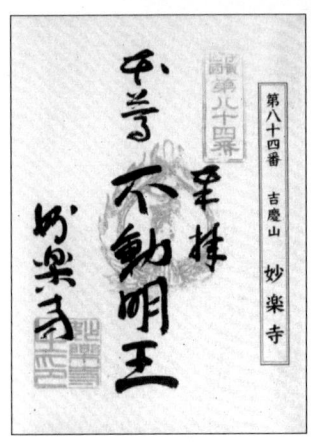

近鉄名張駅東口から三重交通バス 25 系統つつじが丘線に乗車し、つつじが丘南五番町で降車して徒歩約 17 分の場所に位置します。妙楽寺は天正伊賀の乱の後に創建されました。妙楽寺墓地利用者の分担金によって、2022 年 9 月に墓地内に水道が新設されました。そのため、年末のお参り終了後から 2 月末頃までの冬期の水道凍結防止方法についての案内看板が設置されていました。具体的な使用方法が記載されており、水道を使用する時は気を遣う必要がありそうです。朱印箱の中には令和 5 年 2 月分の水道使用量と水道料金のお知らせの紙が入っていました。水道使用水量は 0 m³ なので無住の様子です。朱印はセルフサービス方式で、納経料は賽銭箱に入れます。

<table>
<tr><td rowspan="2">第85番
札 所</td><td>普賢院
ふげんいん</td><td>[御本尊] 不動明王</td></tr>
</table>

第85番
札 所

普賢院
（ふげんいん）

真言宗豊山派　八塩山

[御本尊] 不動明王
[所在地] 三重県伊賀市玉滝 7611
[電　話] ―

〈御詠歌〉　国境　輝き落つる　玉の滝　罪も障りも　祓い清めん
（くにざかい　かがやお　たまたき　つみさわ　はらきよ）

普賢院は滋賀県（近江国）との県境に位置するので、御詠歌に国境と詠まれているのかもしれません。境内には古い立派なお堂がありましたが、ロープが張られていました。お参りした本堂は新築されたようでした。貞享3年（1686年）に梵鐘が設置されましたが、昭和17年（1942年）に太平洋戦争のために供出されました。その後、昭和33年（1958年）に現在の梵鐘が製作され、令和元年（2019年）に鐘楼が再建されました。梵鐘は幸せの鐘・希望の鐘とされ、「誰でも何時でも鳴らしてください」との看板があります。「一打　自分のために、二打　家族や愛する人のために、三打　地域・万人のために」との意味で鳴らすとされています。境内には役小角の行者像が昭和15年（1940年）に安置されました。また、本堂の入口に、このお寺の本山である長谷寺のパンフレットなどがあり「自由にそれぞれお持ちください」と表示されていました。朱印はセルフサービス方式で、納経料は賽銭箱に入れます。

| 第86番 札所 | 宝光院
ほうこういん
真言宗豊山派　朝日山 | [御本尊] 不動明王
[所在地] 三重県伊賀市中友田959
[電　話] ― |

〈御詠歌〉　往き暮れて　迷える野辺の　我らをば　羂索執りて　導きにけり

宝光院本堂には鰐口があり、旧阿山町指定文化財となっています。これは銅製で直径が37cmあります。江戸時代の慶安2年（1649年）に椿大明神（現在の鞆田神社）に寄進され、その後、かつて神宮寺であった宝光院に移されたと考えられています。梵鐘は宝暦6年（1756年）4月に地元三郷（上友田、中友田、下友田）の先祖を祭祀するために寄進され、それによって住民の安泰が祈願されました。しかし太平洋戦争末期に徴用され、その鐘韻を聞くことができなくなりました。その後昭和47年（1972年）2月に浄財寄進され、梵鐘が再建されました。「世界平和　五穀豊穣　住民福祉　交通安全　健康精励　子孫繁栄　煩悩解脱　七難消滅」の願文が刻まれています。朱印はセルフサービス方式で、納経料は賽銭箱に入れます。

<table>
<tr><td rowspan="2">第87番
札 所</td><td>成就院
<ruby>成就院<rt>じょうじゅういん</rt></ruby></td><td>[御本尊] 聖観世音
[所在地] 三重県伊賀市小杉 2530
[電 話] ―</td></tr>
</table>

第87番 札所

成就院 <ruby>じょうじゅういん</ruby>

真言宗豊山派　神宮山

[御本尊] 聖観世音
[所在地] 三重県伊賀市小杉 2530
[電 話] ―

〈御詠歌〉　勤しみし　しるしは見えて　豊かにも　福聚なみよる　小杉やまざと

　成就院は 85 番普賢院と同様に、滋賀県境に近い場所に位置しています。伊賀市の霊山（標高 766 m）山麓に黄檗宗霊山寺があり、霊山頂上の洞窟から観音様が当地に飛来し、お堂が建てられたと伝えられています。昭和 63 年度（1988 年度）に小規模荒廃地復旧のために三重県による治山事業が行われたことを示すプレートがありました。また、テレホン法話の案内が掲示されていました。お寺の裏には運動場のような土地があり、ゲートボール場のようです。試合結果を書くための黒板がお寺の裏側の壁にあり、地域住民の交流の場になっているようです。朱印はセルフサービス方式で、納経料は賽銭箱に入れます。

神王寺
じんのうじ

真言宗豊山派　大宮山

［御本尊］薬師如来
［所在地］三重県伊賀市下柘植 2262
［電　話］0595-45-4086

〈御詠歌〉　あなうれし　大師と巡り　願い満ち　風のどかなる　大宮の庭

神王寺は天正伊賀の乱（1581年）の兵火による焼失により、創建については不明ですが、快遍上人が伝染病に苦しむ人々のために、大宮山密厳院神王密寺と称した堂宇を建立し祈願したとされています。また隣接する日置神社の別当職であった平安時代後期の武将平宗清の祈祷道場でもあったと伝わっています。天正伊賀の乱で焼失後、空海の十大弟子の一人実恵上人が神王寺を再興（年代不明）、寛永年間（1624年〜1643年）に重学上人が再再興しています。その後も2度火災に遭いましたが、再建されました。入口の石碑には「やくよけ大師」と刻まれています。境内には干支本尊が8体あり、寄進者のお名前が表示されています。朱印はセルフサービス方式で、納経料は賽銭箱に入れます。

笹　山 **龍徳寺**
りゅう　とく　じ

真言宗醍醐派　光亀山

[御本尊] 大日如来
[所在地] 三重県名張市家野836
[電話] ―

〈御詠歌〉　五つ笹　ご紋の館　龍徳寺　村人こぞり　朝な夕なに
いつ　ざさ　　もん　やかた　りゅうとくじ　むらびと　　　あさ　ゆう

龍徳寺は奈良県山添村に近い場所に位置しています。寺の縁起、由緒は不明です。大きな石灯篭があり「村中安全」と刻まれています。その隣には龍徳寺の参道拡張記念碑が立っています。寺名の石碑は昭和63年（1988年）10月に建立され、「住職　岡田快浄　謹書」に加えて10名の寄進者の名前が刻まれています。また、昭和60年（1985年）12月に駐車場の土地寄贈者7名のお名前を記した石碑もあり、境内にはお地蔵様や役行者のような石像があります。このお寺は無人ですが、綺麗に手入れされていました。境内には家野公民館があります。朱印はセルフサービス方式で、納経料はお賽銭箱に入れます。

月山 **弥勒寺**（みろくじ）
真言宗豊山派　日朝山

[御本尊] 薬師如来
[所在地] 三重県名張市西田原 2888
[電話] 0595-65-3563

〈御詠歌〉　おきつもの　名張の里に（なばりのさと）　弥勒寺（みろくでら）　救いたまわん（すく）　後の世までも（のちのよ）

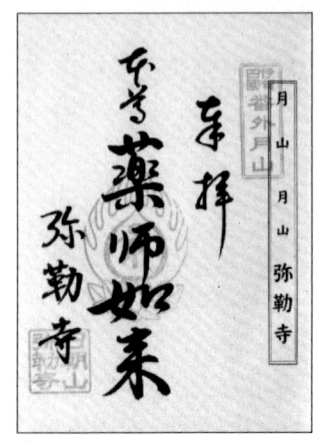

御詠歌の「おきつもの」は名張に掛かる枕詞です。弥勒寺は聖武天皇時代の天平8年（736年）に円了上人が創建したと伝えられています。その後、良弁上人（689年〜773年）が大伽藍を建立しました。その後、多くの堂宇は荒廃しましたが、現在の本堂は昭和54年（1979年）に改築されました。木造十一面観音立像、木造聖観音立像、木造薬師如来坐像、木造弥勒如来、木造役行者像など多くの文化財があります。拝観時間は9：30〜16：30で、拝観志納金は500円です。お寺曰く「仏像とツーショット」で写真が撮れます。令和2年（2020年）2月29日にNHKの番組「ブラタモリ」で、弥勒寺が忍者のルーツの地域として紹介されました。裏山（標高255m）には西田原ふるさと公園があり、展望台から景色を楽しむことができます。納経所でお寺のかたが朱印を押してくださいます。お接待として飴玉をいただきました。

高野山　奥之院

　世界文化遺産である高野山は1200年以上続く真言密教の聖地で、金剛峰寺を代表とする117の寺院が存在しています。奥之院は壇上伽藍とともに高野山の信仰の中心であり、弘法大師が入定されている聖域であることから、八十八ヶ所霊場参拝後に参拝します。

　車の場合は、中の橋大駐車場に駐車し、信号を渡って参道を歩いていきます。戦国武将のお墓や大企業の慰霊碑が多数あるので、それらを見ながら歩いていくと奥之院に到着します。

　奥之院の直前に御供所（納経所）があります。夏季（5月〜10月）は8：00〜17：00、冬季（11月〜4月）は8：30〜16：30が納経時間で、納経料は300円です。伊賀四国八十八ヶ所霊場のお寺と高野山奥之院とは納経料が異なっています。筆者が参拝した後、令和6年4月1日から500円に値上がりしました。

　総本山金剛峰寺のマスコットキャラクターのこうやくんの絵の看板がありました。新型コロナウイルス対策を呼びかける内容になっています。
　奥之院では、朝6時と10時半に生身と呼ばれる食事が弘法大師にお供えされます。この儀式は生身供と呼ばれています。参拝客も朝のお勤めに参加できます。

　御廟橋を渡ると弘法大師空海御廟の霊域に入ります。お大師様が、参詣する者をこの橋までお迎え下さり、帰りはお見送りくださると古くから信じられており、橋の前で合掌礼拝します。この橋は、36 枚の橋板と橋全体を 1 枚として 37 枚と数え、金剛界 37 尊を表していると言われ、橋板の裏には、仏を表す梵字が刻まれています。従来、木の橋でしたが、現在は木橋を模した石橋に架け替えられています。橋を渡った霊域では、飲食、携帯電話の使用、喫煙、写真撮影が禁止されています。

高野山奥之院へのアクセス方法は、
車で、伊賀市市役所から高野山奥の院まで名阪国道（国道 25 号）と 国道 24 号経由で 128 km の道のりになります。

公共交通機関で、伊賀市役所最寄り駅の四十九駅から約 4 時間 10 分
伊賀鉄道　　四十九駅—伊賀神戸駅（7 駅、18 分）
近鉄電車　　伊賀神戸駅—大阪難波駅（特急 7 駅、1 時間 5 分）
南海電車　　難波駅—極楽橋駅（特急こうや号 8 駅、1 時間 17 分）
南海高野山ケーブル　　極楽橋駅—高野山駅（5 分）
南海りんかんバス　　高野山駅前—奥の院（22 番高野山山内線、11 駅、21 分）

あとがき

　この本の内容は、筆者が全霊場を参拝して得た情報、および霊場の案内看板、伊賀四国八十八ヶ所霊場会ホームページや書籍などの公表されている情報に基づいて執筆しました。掲載した朱印の写真は、筆者所有の伊賀四国八十八ヶ所霊場朱印帳の写真です。また、写真は、全て筆者が撮影しました。御詠歌が表示されていないお寺で、「御詠歌はあるのですか」とお尋ねしたら、「あります」と答えられるお寺もありました。伊賀四国八十八ヶ所霊場に関する書籍は、1980年、2000年、2001年に発行されていますが、その後、変化した部分も多くあります。当時は参拝するためには紙の地図が重要な情報であったと考えられますが、現在ではカーナビ、スマートホンの普及により、モニター画面がアクセス方法をリアルタイムに示してくれるようになりました。

　伊賀市、名張市の中心地に位置するお寺は活気がありますが、郊外には無人のお寺が多い傾向がありました。無人のお寺でも、プロパンガスボンベを撤去した後の部品が残っていたり、牛乳配達の受け取り用箱が残っていたりするなど、最近まで居住されていた気配を感じるお寺もありました。過疎地域の無人のお寺では、その地域の公民館やゲートボール場が隣にあることが多く、お寺はその地域での文化の継承、発展に関して中心的役割を担っていることを実感しました。参拝していると近所のかたが通りかかって話しかけられることがあり、とても詳しくお寺の説明をしてくださったこともありました。そのかたがお家の庭の花について説明してくださったり、一緒に畑の中を歩き回って綺麗な花を見せていただいたこともあり、お寺は日常生活の中での素朴な楽しみを共有する場でもありました。人、もの、ことに関して、様々な出会いがあり、お大師様の導きがあったという思いがしています。

　伊賀市が公表している空き家対策に関する文書では、過疎地域でジビエ料理店などが開店することにより、伊賀地域に多くの観光客に足を運んでもらう提案などが記載されていますが、筆者は伊賀四国八十八ヶ所霊場を見直すことで観光資源としての価値が高まり、飲食店などと共に地域活性化につながると考えます。魅力的な地域作りは、他地域からの移住者が増加する可能性もあります。人口減少、空き家増加に対する対策は社会全体にとって喫緊の課題であり、それらについて考え、地域が活性化していくことは、持続可能な社会が長続きすることにつながります。一方で観光化は、地域の人が大切にしてきたお寺本来の宗教的意義を失ってしまうことも危惧されます。最近、御朱印の収集を趣味とする人が増え、御朱印を集めることが社寺を訪ねる目的になってしまった人が増えたようです。多くの社寺では、職員が御朱印を押印されますが、伊賀四国八十八ヶ所霊場のお

寺では参拝者が自分で朱印を押すことにより仏教を身近に感じます。筆者は、伊賀地域がその歴史や文化を大切にし、地域独特の文化や伝統に惹かれた人々が集うことによって賑わいを取り戻してほしいと願っています。この本がその一助となれば、何よりも嬉しく思います。

　最後に御朱印の掲載を許可してくださった伊賀四国霊場会会長（喜福寺住職）内田秀弘師に厚く御礼申し上げます。

参考・引用文献

- 伊賀市空き家対策の現状と展開、第2次伊賀市空き家対策計画策定資料編、2021（令和3）年4月
- 第二次伊賀市空き家対策計画、伊賀市、2021年（令和3年）4月
- 名張市地域再生計画「名張流まちづくりステップアップ計画」、名張市、平成27年度策定
- 伊賀流。https://ja.wikipedia.org/wiki/%E4%BC%8A%E8%B3%80%E6%B5%81 （2024年2月25日参照）
- 巡礼。https://ja.wikipedia.org/wiki/%E5%B7%A1%E7%A4%BC （2023年9月24日参照）
- 真言宗。https://ja.wikipedia.org/wiki/%E7%9C%9F%E8%A8%80%E5%AE%97 （2024年3月10日参照）
- 伊賀四国八十八ヶ所霊場。http://www.iga-shikoku88.com/index.html （2023年9月24日参照）
- 伊賀四国八十八ヶ所霊場 － ありがたや 大師と巡る 伊賀の国 －。http://iga-shikoku88.com/ （2023年9月24日参照）
- 金剛峯寺関係各所料金表｜高野山真言宗 総本山金剛峯寺。https://www.koyasan.or.jp/kongobuji/charges/ （2023年9月24日参照）
- 遍路用品 － （一社）四国八十八ヶ所霊場会。http://88shikokuhenro.jp/basic/supplies/ （2023年9月24日参照）
- 伊賀遍路 伊賀四国八十八ヶ所札所めぐり、真言宗豊山派三重仏教青年会編、遊タイム出版、2000年10月
- 蘇る天平の浪漫 伊賀四国八十八ヶ所霊場第二十八番札所蓮明寺の伝説より、村上しげゆき、文芸社、2017年5月
- 日本巡礼ガイドブック、大路直哉 文：淡交社編集局 編：淡交社、2001年4月
- 伊賀四国霊場案内、編集：常福寺中、発行者：織田杲深、印刷所：合資会社合同印刷、1980年8月
- わかやま観光｜高野山エリア｜和歌山県公式観光サイト。https://www.wakayama-kanko.or.jp/destinations/koyasan/ （2024年2月25日参照）
- 名張市トップページ／市政情報／市のプロフィール／位置・面積／市民憲章／都市宣言／市章／市の「花・鳥・木」。https://www.city.nabari.lg.jp/s010/110/060/1030/201502050445.html （2024年

5 月 19 日参照）

- 名張市トップページ／市政情報／市のプロフィール／歴史／名張のあゆみ。 https://www.city.nabari.lg.jp/040/010/index.html （2024 年 5 月 19 日参照）
- 依那古散策。https://inako.website/sansaku/ （2024 年 3 月 10 日参照）
- 神社とお寺さがし.com。https://xn--t8j0azcz10z98hiu6anga.com/details.php?id =10553 （2024 年 3 月 11 日参照）
- 三重県伊賀市の安養寺。 https://www.bukkyou.com/TSInfo/T_24/Info2359000500193.html （2024 年 3 月 11 日参照）
- Mapion 電話帳。光福寺。 https://www.mapion.co.jp/phonebook/M06005/24216/22430524144/ （2024 年 3 月 11 日参照）
- 伊賀 岡波館。http://www.oshiro-tabi-nikki.com/okanami.htm （2024 年 3 月 11 日参照）
- Omairi 勝福寺。https://omairi.club/spots/121071 （2024 年 3 月 11 日参照）
- あおやま風土記。勝福寺の五智如来。http://aoyamahudoki.lucky138.net/ index.php? 勝福寺の五智如来 （2024 年 9 月 17 日参照）
- 真言宗豊山派仏教青年会第 12 回お坊さん数珠つなぎ。内田秀明師。 https://www.bussei.gr.jp/archives/rosary/59 （2024 年 9 月 17 日参照）
- 三重県伊賀市の勝福寺。 https://www.bukkyou.com/TSInfo/T_24/Info3761000500193.html （2024 年 3 月 11 日参照）
- 第十二番 真言宗豊山派 無比山 正覚院 地福寺（じふくじ）。 http://iga-shikoku88.com/about-12jifukuji.html （2024 年 3 月 11 日参照）
- 和田忠臣「定本・伊賀百寺：上野市・名張市・阿山郡・名賀郡」。郷土出版社、1996 年。
- 【金色の半丈六像】三重・金泉寺の仏像－釈迦如来坐像を訪ねて。 https://butsuzolink.com/igakonsenji/ （2024 年 3 月 10 日参照）
- 環境庁巨樹・巨木林データベース。 https://kyoju.biodic.go.jp/?_action=gtsearch#contentNavi （2024 年 9 月 23 日参照）
- Omairi 宝珠院。https://omairi.club/spots/121067 （2024 年 3 月 10 日参照）
- 真言宗豊山派伊賀四国霊場 第二十番札所上津不動上津山宝珠院。 http://houshuin.net/housyuinf.htm （2024 年 9 月 17 日参照）
- なばりでお菓子屋さんめぐり。16 地蔵院 青蓮寺。https://www.kankou-

nabari.jp/nabari-okashi/2021/02/22/%e5%9c%b0%e8%94%b5%e9%99%a2-%e9%9d%92%e8%93%ae%e5%af%ba%ef%bc%88%e3%81%97%e3%82%87%e3%81%86%e3%82%8c%e3%82%93%e3%81%98%ef%bc%89/（2024 年 3 月 10 日参照）

- 真言宗豊山派極楽寺。http://www.gokurakuji-nabari.jp/taimatsu.html（2024 年 8 月 15 日参照）
- 750 年前に由来−お水取りに寄進「一ノ井松明講」。https://www.bunka.pref.mie.lg.jp/rekishi/kenshi/asp/hakken/detail.asp?record=196（2024 年 8 月 24 日参照）
- 広報なばり、No.1277、2023 年 10 月 10 日
- 佛土寺（伊賀市）。https://ja.wikipedia.org/wiki/%E4%BD%9B%E5%9C%9F%E5%AF%BA_(%E4%BC%8A%E8%B3%80%E5%B8%82)（2024 年 3 月 10 日参照）
- 三重四国八十八ヶ所第三十一番遍光山愛染院願成寺。http://www.mieshikoku88.net/31.html（2024 年 8 月 29 日参照）
- 伊賀ぶらり旅　伊賀の牡丹。https://igakanko.net/?p=1392（2024 年 9 月 21 日参照）
- 霊山山頂遺跡。https://adeac.jp/iga-city/text-list/d500010/ht300100（2024 年 9 月 22 日参照）
- 霊山寺。https://www.kankomie.or.jp/spot/3054（2024 年 9 月 22 日参照）
- 神王寺（伊賀市）。https://ja.wikipedia.org/wiki/%E7%A5%9E%E7%8E%8B%E5%AF%BA_(%E4%BC%8A%E8%B3%80%E5%B8%82)（2024 年 3 月 10 日参照）

（本文参考順）

筆者紹介

佐藤　典子（さとう　のりこ）

現職　甲子園大学栄養学部食創造学科　准教授

1967 年　京都生まれ
1998 年　京都府立大学大学院生活科学研究科食生活科学専攻　修士課程修了
2003 年　京都府立大学大学院農学研究科生物機能学専攻　博士後期課程退学
2006 年　博士（学術）京都府立大学

1996 年 3 月　得度（真言宗智山派）　僧名 佑典

大阪公立大学出版会（OMUP）とは

本出版会は、大阪の5公立大学－大阪市立大学、大阪府立大学、大阪女子大学、大阪府立看護大学、大阪府立看護大学医療技術短期大学部－の教授を中心に2001年に設立された大阪公立大学共同出版会を母体としています。2005年に大阪府立の4大学が統合されたことにより、公立大学は大阪府立大学と大阪市立大学のみになり、2022年にその両大学が統合され、大阪公立大学となりました。これを機に、本出版会は大阪公立大学出版会（Osaka Metropolitan University Press「略称：OMUP」）と名称を改め、現在に至っています。なお、本出版会は、2006年から特定非営利活動法人（NPO）として活動しています。

About Osaka Metropolitan University Press (OMUP)

Osaka Metropolitan University Press was originally named Osaka Municipal Universities Press and was founded in 2001 by professors from Osaka City University, Osaka Prefecture University, Osaka Women's University, Osaka Prefectural College of Nursing, and Osaka Prefectural Medical Technology College. Four of these universities later merged in 2005, and a further merger with Osaka City University in 2022 resulted in the newly-established Osaka Metropolitan University. On this occasion, Osaka Municipal Universities Press was renamed to Osaka Metropolitan University Press (OMUP). OMUP has been recognized as a Non-Profit Organization (NPO) since 2006.

伊賀四国八十八ヶ所霊場めぐり
－豊かな自然の中にある静かな古刹の数々－

2025年1月1日　初版第1刷発行

著　者　　佐藤　典子
発行者　　八木　孝司
発行所　　大阪公立大学出版会（OMUP）
　　　　　〒599-8531 大阪府堺市中区学園町1－1
　　　　　大阪公立大学内
　　　　　TEL　072 (251) 6533　FAX　072 (254) 9539
印刷所　　和泉出版印刷株式会社

©2025 by Noriko Sato, Printed in Japan
ISBN 978-4-909933-83-6